Über Hannah Arendt

Fröhliche Wissenschaft 158

Judith N. Shklar

Über Hannah Arendt

Herausgegeben und mit einem Nachwort versehen von Hannes Bajohr

Aus dem Amerikanischen übersetzt von Hannes Bajohr und Tim Reiß

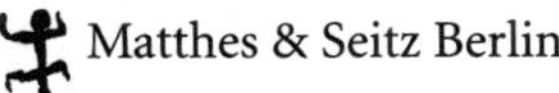

Inhalt

Die Romantik der Niederlage

Es ist gut möglich, dass es heute keine echte Romantik mehr gibt – das mit ihr verbundene unglückliche Bewusstsein blüht jedoch wie niemals zuvor. Hegels Darstellung der entfremdeten Seele passt auf viele unserer Zeitgenossen sehr viel besser als auf die mit ihm befreundeten Romantiker. Freilich zeigt sich der heutige Romantizismus nicht mehr in spontanen Gefühlsausbrüchen und ist recht besinnlich geworden. Aber dieser neue Ton hat ihn traditioneller Philosophie keinen Schritt nähergebracht. Das unglückliche Bewusstsein ist sich seiner selbst lediglich besonders bewusst geworden. Es erkennt sich in der Einsicht, dass Gott tot ist, und analysiert seinen Zustand mit einer Distanziertheit, die den früheren Romantikern unbekannt war. Die Folge dieser neuen Selbsteinschätzung ist aber nur eine Intensivierung der romantischen Zwangslage. Der Abstand zwischen dem einzigartigen Selbst und der es umgebenden Welt hat zugenommen und das unglückliche Bewusstsein gesteht sich heute sein Gefühl der Sinnlosigkeit ein. Es ist nun bereit zu bestreiten, dass wir uns selbst, einander, Gesellschaft, Geschichte oder Natur verstehen, mehr noch, dass wir sie beherrschen oder verbessern können. Die schöpferische Einbildungskraft sei in ihrem Kampf gegen eine abgestumpfte Welt unterlegen. Der ästhetische Idealismus überlebe nur in seiner negativen Form, als eine Grundlage für Gesellschaftskritik. Das dramatische Bild des Lebens als Kampf dauert fort, aber nun erzählt es eine Geschichte der Niederlage. Was uns bleibt, ist ein Romantizismus, der all seiner positiven Bestrebungen beraubt ist und in der eigenen Vergeblichkeit schwelgt.

Das unglückliche Bewusstsein weiß heute darum, dass der Geist von sich selbst und von der Welt entfremdet ist, denn Gott sei abgetreten und dieser Tod Gottes bedeute weit mehr als einen bloßen Rückzug des religiösen Glaubens. Er läute, so heißt es, das Ende aller höchsten Werte und die Auflösung der Welt als kohärentes Ganzes ein.[1] Damit ergeben sich eine Vielzahl erschreckender Möglichkeiten. Ist der Mensch ebenfalls tot?[2] Ist es möglich, unter solchen Bedingungen irgendein kulturelles oder künstlerisches Leben aufrechtzuerhalten? Können wir uns überhaupt noch Gedanken über die Zukunft machen? Wie sollen wir uns zu unserer völligen Isolation im Kosmos verhalten? Auf all das gibt es keine Antworten. Der Geist hat das Ende seiner Möglichkeiten erreicht.[3]

Manchen Denkern erscheint dieses Elend als dauerhaftes Schicksal des Menschen; anderen ist es eine Frage unserer gegenwärtigen historischen Situation. So halten die französische Schule des Existenzialismus und die diversen Dichter »des Absurden« alles Bewusstsein für unglücklich.[4] Für Heidegger ist unsere »Heimatlosigkeit« eine Sache gesellschaftlicher und metaphysischer Entfremdung, wobei Letztere die Katastrophe des gesamten nachmittelalterlichen Zeitalters sei. Wir hätten uns vom »Sein« abgewandt und die Welt zu einem »Bild«, »einem Gegenstand« gemacht, das von »Subjekten« betrachtet werde.[5] Jaspers spricht ausdrücklicher von einer doppelten Tragödie: Es stecke eine universelle Tragödie in der Tatsache, dass die Wirklichkeit aufgeteilt und die Wahrheit für immer unserem Zugriff entzogen sei, aber darüber hinaus gebe es noch eine unmittelbare Tragödie, die die menschliche Situation erschwert habe. Die Technik habe die Geschichte zerrissen und das Leben der Massen uns aller Individualität beraubt. Intellektuell verlören wir »Substanz« und gewännen »Wissen«.[6] Dieser Meinung ist auch Gabriel Marcel. Wir hätten der tragischen Natur der Existenz ein Gesellschaftsleben an die Seite gestellt, sodass »es derzeit nur noch eine mögliche Wahl für den Menschen gibt: den Ameisenhaufen oder den mystischen Leib«. Wir hätten uns von der Vergangenheit abgeschnitten und uns keine Zukunft gelassen außer einer des vulgärsten Epikureismus.[7] Schließlich gibt es noch jene, für die Entfremdung eine rein gesellschaftliche Frage ist. Sie leiden vor allem an »Marx' Tod«, der allerdings ein Teil jenes Endes aller Gewissheiten ist. »Wir leben im Zeitalter entmutigter Revolutionäre«, schreibt der anarchistische Dichter Alex Comfort.[8] Sein französisches Gegenstück, Albert Camus, hat eine ganze Theorie um die neue Feindschaft des »Rebellen« gegen die »Revolution« und alle großen Utopien gebaut. Aber all diese verschiedenen Konzeptionen der Entfremdung sind nur Aspekte des »unglücklichen Bewusstseins« als Ganzem. Hannah Arendt, eine von Jaspers' Jüngerinnen, spricht für diese ganze Mentalität, wenn sie verkündet: »Heute sehen wir sowohl die Geschichte wie die Natur als etwas dem Wesen des Menschen Fremdes an. Keine von ihnen bietet uns jenes umfassende Ganze, in dem wir uns geistig zu Hause fühlen.« Auch wenn wir uns nun unsere eigene Natur und

Geschichte ohne die Hilfe ewiger Wahrheiten schaffen müssen, seien unsere Erfolge und Niederlagen einer indifferenten Natur und einem toten Gott gleichgültig. Ob wir unsere Ziele erreichten oder nicht, wir handelten »mit der bitteren Erkenntnis, daß uns nichts versprochen worden ist: kein messianisches Zeitalter, keine klassenlose Gesellschaft, kein Paradies nach dem Tode.«[9] […]

Die Furcht vor der Natur geht einher mit dem Wissen, dass auf Zerstörung keine Schöpfung folgen muss, dass der Tod absolut endgültig ist. Die Sinnlosigkeit eines solchen Todes, eher noch als seine Macht, versetzt das unglückliche Bewusstsein heute in Aufruhr. Aber wenn das unglückliche Bewusstsein nicht länger die Sehnsucht nach dem Tod ausdrückt, wie es bei den alten Romantikern der Fall war, ist sein Ziel doch kein völlig anderes; es geht noch immer darum, den Tod dem Leben unterzuordnen. Heute aber sei offensichtlich geworden, dass dieses Unterfangen zum Scheitern verurteilt ist. Der Mensch sei das Opfer des Todes als ein Teil seiner Situation in einem fremden Universum. So wie wir »die Welt« ablehnen, so müsse auch dem Tod die Stirn geboten werden. Indem wir den Tod in unser Leben aufnehmen, lebten wir »eigentlich«. Auf diese Weise kann der Tod eine nahezu schöpferische

Rolle in unserem Leben spielen. Heidegger behauptet, dass eine entschlossene und heroische Haltung dem Tod gegenüber unsere Erlösung von den falschen alltäglichen Gepflogenheiten des »Man« sei.[10] Jaspers hält den Tod für eine der »Grenzsituationen«, die uns die »Existenz« eröffnen. Echtes Sein, sogar echte Philosophie, werde zur bewussten Akzeptanz des Todes.[11] Der große geistige Imperativ des Existenzialismus mag durchaus sein, »sein Leben so zu führen, dass der Tod in jedem Moment daran gehindert wird, das eigene Leben bedeutungslos werden zu lassen«. Jaspers schreibt, die Philosophie »will den Grund finden, auf den hin das Sterben zwar nicht begriffen, aber in der Unruhe des Leidens ertragen wird, nicht in einer stoischen, sondern in einer liebenden und vertrauenden Unerschütterlichkeit«.[12] Camus zufolge biete die Kunst ein ebenso wenig tröstliches Mittel, mit dem Tod zu leben. Seine »Rebellion« bezeichnet, wie Jaspers' »Eigentlich-Sein«, letztlich den Weg, ein Opfer ohne Selbstmitleid oder Resignation zu werden. »Ich wiederhole Prometheus' Trotz – aber ohne Illusionen und ohne Hoffnung. […] Ich begreife: wenn ich die Erscheinungen wissenschaftlich fassen und aufzählen kann, dann kann ich damit noch nicht die Welt einfangen.«[13]

Opfersein ist demzufolge unser Schicksal in

der natürlichen Welt. Das ist aber nicht alles. Die schlimmsten Formen des Elends sind jene, die Menschen einander zufügen. Heute sind wir uns der vollen Bedeutung des Bösen wieder bewusst. Der Existenzialismus ziehe »das Böse wirklich in Betracht«, wie eine seiner Anhängerinnen anmerkt.[14] Die Ursprünge dieses neuen Bewusstseins seien offensichtlich. Ohne den Totalitarismus, beobachtet Hannah Arendt, hätten wir »niemals die wirklich radikale Natur des Bösen kennengelernt«.[15] Doch zieht dieses neue Bewusstsein für das Böse nicht einfach eine Rückkehr zum christlichen Begriff der Sünde nach sich. Das unglückliche Bewusstsein glaubt nicht an Erlösung. »Ich teile [mit dem Christentum] dasselbe Erschrecken vor dem Bösen«, erklärt Camus, »aber ich teile [seine] Hoffnungen nicht«.[16] Denn anders als Gott wandele der Teufel noch unter uns.[17] In gewisser Weise seien wir die Opfer des Bösen, das wir selbst verübten. Das sei ganz sicher keine Ursünde, sondern vielmehr »metaphysische Schuld«, die wir, nach Jaspers, allein dadurch auf uns laden, dass wir am Leben sind. Weil wir in die Welt geboren worden sind und in einer gegebenen historischen Situation handeln, hätten wir zwangsläufig an dem uns angetanen Bösen teil. Was die deutsche Schuld angeht, kommt Jaspers zu dem Schluss, dass alle, die nicht getötet wurden, zumindest teilweise schuldig seien.[18] Diese Haltung ist in der neuen Auffassung des Bösen inbegriffen. Nur das absolute Opfer entkommt der Beschmutzung. Nur durch den Selbstmord entkommen wir dem Bösen in der Geschichte.[19] [...]

Von allen »Situationen« ist dem unglücklichen Bewusstsein keine weniger durchschaubar als die Geschichte. Nirgends ist Hegels Beschreibung des »sich entfremdeten Geistes« angebrachter. Die Geschichte ist ein Einbruch von außen in das Selbst. Hier sei es wieder nicht bloß kausaler Determinismus, der unbezweifelbares Wissen verunmögliche, vielmehr habe solches Wissen selbst keine rechte Wichtigkeit, weil es dem »Selbst« so fern sei. Es gebe nicht nur keine »historischen Gesetze«; die Geschichte selbst bleibe uns auf immer fremd. Die unpersönliche Geschichte der Philosophie habe für den »lebendigen« Einzelnen keine Bedeutung.

Der wirkliche Kampf ist immer noch derselbe, den Nietzsche gegen den Historismus, den Progressivismus und den evolutionären Optimismus geführt hat. Die ganze Transzendentalphilosophie ist eine Polemik gegen Geschichtlichkeit. Wenn sie Geschichte als irgend relevant anerkennt, dann als etwas, das internalisiert werden kann.[20] Objektive Geschichte ist der »Existenz« so hinderlich wie sie Nietzsches Idee des »Lebens« hinderlich war. Nur wenn wir die Personen und Ereignisse der Vergangenheit uns subjektiv zu eigen machen könnten, heißt es, hätten sie eine existenzielle Bedeutung. Sind sie inspirierend, so seien sie imstande, uns zur »Existenz« zu bringen.[21] Es ist die gegenwärtige Beschwörung ihrer Erinnerung, nicht ihre objektive Vergangenheit, auf die es ankomme. Das Ziel aller historischen Studien sei nicht Wissen, sondern die Assimilation in das eigene Leben. Geschichte könne uns erregen und erbauen, bleibe aber nur ein begrenzter Teil unserer Wirklichkeit.[22] In Heideggers Philosophie ist die ganze Weite, die Herder einst der Weltgeschichte beilegte, verloren. Ihm ist sogar einerlei, dass der Mensch Teil dieser Weltgeschichte ist. Nur die subjektive Bedeutung der Tatsache, dass jede Person eine Vergangenheit, *eine* Geschichte hat, ist für ihn von Interesse.[23] Jaspers sucht in seiner Studie zur Menschheitsgeschichte nur nach »Sinn«, nicht nach Fakten.

Sogar Hegelianer, normalerweise eher nach links geneigt, geben heute zu, dass ein Abgrund zwischen »gelebter« und »gedachter« Geschichte klafft, selbst wenn es ihnen fernliegt, Geschichte als objektives »Ganzes« zu verabschieden.[24] Ihr Traum ist es, Hegel zu reromantisieren und Marx seinen Materialismus auszutreiben. Sartre etwa hält den Marx'schen Determinismus für reaktionär, weil er den Arbeiter aller Motive zu handeln beraube. Eine rationale, determinierte Geschichte, wie auch eine fixe menschliche Natur, ist ihm eine unerträgliche Beschränkung. Geschichte sei bedeutsam nur als Teil einer privaten Situation und im Kontext unseres Kampfes gegen sie. Als karges System von Ursachen und Wirkungen sei sie uns völlig entzogen. All seines halbmarxistischen Wortgeklingels zum Trotz glaubt Sartre nicht weniger als Jaspers und jeder andere Romantiker, dass das Einzigartige in Geschichte und Schöpfertum nicht kausal verstanden werden könne. Es folgt daraus, dass Hegels und Marx' Glaube an eine objektiv verstehbare Geschichte ausgeschlossen sind. Nur unsere individuellen Vorstellungen historischer Wirklichkeit sollten zählen. Aus der »Situation« des Arbeiters betrachtet, nehme sich die Geschichte ganz anders aus als aus der des Bourgeois. Daher sieht sich Hannah Arendt, wie Sartre, zu der Aussage genötigt, dass »als einzige Schicht die Arbeiterschaft verhältnismäßig immun gegen den Antisemitismus« gewesen sei, weil sie »mit einer anderen Gesellschaftskrise, der Bourgeoisie, in Kampf« gestanden habe. Der Bourgeois sieht, nach Sartre, die Geschichte als den Ausdruck individueller Willen, also erneut als Ergebnis seiner partikularen Situation.[25] Es ist eine Tatsache, dass es für den Existenzialismus keine »allgemeine« Geschichte und daher letztlich so viele Geschichten gibt wie menschliche Situationen, von denen aus Geschichte gesehen und assimiliert werden kann. [...]

Für Albert Camus und alle echten Romantiker ist es entscheidend geworden, ihr revolutionäres Drängen von den historischen und organisierten Revolutionen unserer Zeit abzusetzen. Es ist daher nicht bloß Gewalt, sondern »bequeme« Gewalt, Gewalt aus der Distanz und vor allem rationale Gewalt, die verabscheuenswürdig geworden ist.[26] Rationale Revolutionen seien überdies nicht nur grausam, sondern kunstfeindlich.[27] Vor allem aber ist die Logik, auf der ideologische Revolutionen basieren, dem Romantiker zuwider – sowohl einem Radikalen wie Camus als auch einem Konservativen wie Gabriel Marcel. »Ich habe nichts gegen Logik«, merkt Ersterer an, »sondern gegen Ideologie, die alle lebendige Wirklichkeit durch eine Folge von Gründen ersetzt«.[28] Marcel fügt hinzu, dass der wirkliche Schrecken der totalitären Grausamkeiten darin liege, »einer auf die Vernunft gestützten Barbarei« zu entspringen.[29] In Amerika hat Hannah Arendt diesen Standpunkt vertreten. Ihr erscheint die »Logizität«

der totalitären Ideologie als so wichtiger Faktor, dass sie totalitäre Regierungsformen als »Logokratie« bezeichnen würde.[30] Abstrakte Logik hat noch keinem Romantiker zugesagt.

Es zeigt sich: Politik ist mit Romantizismus unvereinbar, gleich ob sie nun die Form des Rechts und stabiler Institutionen annimmt oder die ideologischer und organisierter Revolution. Alle Politik ist nur ein Hindernis für echte persönliche Beziehungen. Wenn es heute so etwas wie eine romantische politische Theorie gibt, dann besteht sie darin, alle historisch möglichen Formen politischen Lebens abzulehnen. Hier, wie auch sonst überall, ist der Geist der Vergeblichkeit beherrschend, denn diese widrige politische Welt kann nicht verlassen oder verändert werden. Ja, sie ist kaum zu verstehen. Das Wirkliche ist dem unglücklichen Bewusstsein zu fremd, um es zu erfassen. Die Welt der Macht und der gesellschaftlichen Institutionen ist weder interessant, akzeptabel noch nachvollziehbar, weil sie vom Einzelnen zu weit entfernt ist. Veränderungen, wie sie die Anwendung äußerer Gewalt hervorbringen mag, betreffen den Romantiker nicht, dem es nur auf das innere Leben und den Ausdruck schöpferischen Instinkts ankommt – und hier ist Politik ohne Bedeutung. [...]

Die äußere Welt wird stets als etwas dem

Selbst Feindliches angesehen. Worum es dem unglücklichen Bewusstsein in der Gegenwart geht, ist, dass die äußere Welt neue Höhen der Fremdheit und Gefahr erreicht habe, denn sie sei nun von zwei Kräften beherrscht – der Technik und den Massen, den materiellen und menschlichen Inkarnationen all dessen, was unpersönlich, abstrakt und allgemein ist. Dem unglücklichen Bewusstsein erschien »die Welt« immer wie ein Gefängnis, heute aber mehr denn je. Alle einzelnen Manifestationen des Zeitalters, etwa der Totalitarismus, seien nicht eigentlich unabhängige Erscheinungen, sondern nur die Spiegelungen des allgemeinen, bedrohlichen Weltzustands. Die Romantik war von Beginn an ein Protest gegen eine ganze Zivilisation und dabei ist es geblieben. Ob in offener Polemik oder scheinbar ruhiger Beschreibung der »menschlichen Situation« heute – die Romantik präsentiert sich immer als Anklägerin einer Kultur, die die emotionalen und ästhetischen Bedürfnisse des Einzelnen ignoriert. [...]

Dem existenzialistischen Philosophen sind die Technik und die Massen die Feinde der Kontemplation, so wie sie den ästhetischen Romantikern eine Gefahr für die Schöpferkraft sind. Technik mache »Existenz« unmöglich.[31] In vielerlei Hinsicht ähneln die Beschwerden über die Technik jenen, die einstmals gegen den Rationalismus und den Utilitarismus vorgebracht wurden. Gabriel Marcel ist die Technik nur der moderne Ausdruck jener Denkformen.[32] Es wird sogar festgestellt, dass die Technik und die Vernunft dieselben schädlichen Auswirkungen auf die Individualität hätten. Beide machten uns gleich und im romantischen Geist sei es nur ein kleiner Schritt von solcher Uniformität hin zu universeller Kollektivierung.[33] Wie die Vernunft sei auch die Technik uns in unseren ernstesten Momenten nutzlos – im Sterben etwa.[34] Hierin erkennt man Kierkegaards Zorn auf die rationalistische Philosophie wieder.

In der Politik meint Technik den totalitären Staat. Staat und Gesellschaft tendieren bei Romantikern immer dazu, wie Maschinen auszusehen, und auf nichts trifft das mehr zu als auf totalitäre Regime. Fast alle romantischen Autoren scheinen zudem James Burnhams Voraussage von der kommenden Herrschaft der Technokraten zu akzeptieren, auch wenn sie dieser Zukunft kaum mit seiner Gelassenheit entgegensehen.[35] Wie er erkennen sie im Totalitarismus den Triumph der Maschine und des Maschinenmenschen. Huxley etwa schreibt, dass maschinelle Techniken die größte Gefahr für unsere Freiheiten darstellten, denn der Kult der Effizienz sei die Wurzel des Totalitarismus. Das, behauptet er jetzt, sei die Botschaft seines Romans *Schöne neue Welt*. Das ist einigermaßen erstaunlich; denn wie künstlich und mechanisch das Leben dort auch beschrieben ist, so ist es doch kein Abbild eines totalitären Staates und es ist keineswegs mit der Vision von Orwells *1984* zu vergleichen. Es präsentiert einen rationalisierten technologischen Albtraum, der dem Kind der Natur widerwärtig sein muss, was ein typisch romantisches Thema ist – aber es ist kein politischer Roman und bietet keinerlei Einsicht in totalitäre Systeme. Zudem ist aufschlussreich, dass Huxley Jeremy Bentham und dessen Bruder Samuel, mit ihrem Plan für ein rationales Gefängnis, für die Gründer des effizienzwahnsinnigen Staates hält. Bentham ist Romantikern immer ein Dorn im Auge gewesen.

Dem unglücklichen Bewusstsein sind die Maschinen-Welt als das Gefängnis des Einzelnen und der Totalitarismus dasselbe. Beide haben sich mit all jenen kulturellen Kräften vereint, die frühere Romantiker bereits beklagten, lange bevor der Totalitarismus auf der Bildfläche erschienen war. Aber der heutige Romantiker ist weder daran interessiert zu verstehen, was die eine politische Form von der anderen unterscheidet, noch will er tatsächlich die Gründe des Totalitarismus erforschen. Er will lediglich die Situation des Selbst in der Welt »klären«. In der Gesellschaft werde »der Einzelne« durch die mechanische Ordnung und durch jene bedroht, die ihr ergeben sind – die Massen. Die große Frage lautet: »Was und wer sind die Massen?« Es ist typisch, dass selbst jene Romantiker, die am meisten über sie sprechen, zu keiner klaren Definition in der Lage sind. Allein eines tritt klar zutage, und das ist die Bedeutung der Massen für das Selbst. Aber Darstellungen ihrer objektiven Ursprünge und ihrer Natur sind in der Tat rar gesät. Sind sie die Durchschnittlichen, die Mediokren, die Philister, die Armen, das Volk, die Mehrheit, die Arbeiter, die Nicht-Klassen? Worin besteht ihre Beziehung zum Totalitarismus? Sind sie ein neues Phänomen oder hat es sie schon immer gegeben? Niemand weiß es. Nur eines ist klar: Sie stehen überall, abstrakt und negativ, dem Selbst und seinen Hoffnungen entgegen. […]

Im romantischen Denken sind der Durchschnittsmensch und der Philister immer mehr oder weniger identisch gewesen. Heute werden die Massen als die neuen Philister identifiziert. Daher spricht Hannah Arendt von der totalitären Gesellschaft als »Massen koordinierter Spießer«, die aus allen Ecken der Gesellschaft zusammengekommen seien.[36] Romantikern mit einer gewissen ästhetischen Neigung beweist die Abwesenheit künstlerischen Geschmacks ebenfalls die Verwandtschaft der Massen mit den Philistern. Die Massen seien von Vergnügungshunger Getriebene, die Erweiterung der Öffentlichkeit des neunzehnten Jahrhunderts. Für Jaspers zeigt der Unterschied zwischen dem »guten« Theater und dem »vulgären« Kino das Herabsinken des Volksgeschmacks auf reine Sensationsgier.[37] Die Massen seien nicht die »Schöpfer« der Volkskunst. Das Proletariat habe keine Kunst, bemerkt Comfort, weil es durch das Kino und das Radio pervertiert worden sei.[38] Marcel meint, dass bourgeoise Frivolitäten das Volk ruiniert hätten.[39] Malraux schreibt, dass die »Kunst der satten Selbstzufriedenheit«, die heutige populäre Kunst, der direkte Nachfolger der »offiziellen Kunst« des neunzehnten Jahrhunderts sei. Die heutigen Massen, wie damals die Bourgeoisie, suchten in der Kunst keine Transzendenz, sondern flüchtiges Vergnügen.[40] Dem Künstler ist beides gleichermaßen verhasst. Die Steifheit wurde durch Schund ersetzt und die Philister durch die Massen.

Was aber ist die soziale Bedeutung der Massen, einmal abgesehen von ihrer »Durchschnittlichkeit« und dem Mangel an ästhetischem Empfinden? Auch hier gibt es keine annähernd abschließenden Antworten. Das ist freilich völlig natürlich, weil die Situation des Menschen für den Romantiker nie primär sozial ist. Eines aber ist sicher: Die Massen sind *nicht* das Volk. Romantiker haben immer eine Zuneigung für das einfache, natürliche Volk besessen, das ihnen »Lokalkolorit« bescherte. Die Massen haben damit nichts zu tun. Sie seien das Ergebnis des Verfalls von Gemeinschaft, Glaube und Tradition. Domestiziert, aber entwurzelt, nennt Jaspers sie.[41] Verwurzelung ohne Erdung, nennt es Marcel.[42] Hannah Arendt ist der Meinung, die Zerstörung der Nationalgemeinschaften durch den Imperialismus sei eine wesentliche Voraussetzung für den totalitären Massenstaat gewesen. Im Ganzen gesehen ist das lediglich eine Wiederholung jenes Rufs nach Wurzeln, den schon die Romantiker des neunzehnten Jahrhunderts ausstießen. Das Schicksal des Menschen, der, von der Erde entfremdet, auf einem »cartesianischen Globus« lebe, wird immer noch beklagt.[43] Aber Wurzeln bleiben, damals wie heute, eine Notwendigkeit für »die anderen«. Die überweltlichen Existenzialisten und die »Ausnahmemenschen« haben ganz sicher nicht vor, sich niederzulassen. Dies also ist auch ein Ästhetizismus.

In der Tat gibt es nur zwei genuin soziologische Theorien, die die Massen erklären. Eine hält sie für die Antithese der Klassen; die andere ist Le Bons schlicht rassistischer Elitismus. Letzterer genießt einiges Ansehen unter Romantikern. Das ist kaum überraschend. Im Romantizismus besteht immer die Neigung, zwischen Mystizismus und Materialismus hin und her zu pendeln und diese Tendenz kann man in der romantischen Sozialtheorie so gut sehen wie überall. Um diese Ansicht der Massen zu erklären, haben romantische Autoren sich an der einfachsten aller materiellen Tatsachen festgehalten. Der Zuwachs der Erdbevölkerung wird ohne weitere Analyse als Grund des Massenlebens akzeptiert.[44] Wieder wird die Urbanisierung irgendwie für den Aufstieg der Massen und den Totalitarismus verantwortlich gemacht – trotz der Tatsache, dass Großbritannien und die Vereinigten Staaten, die mit Abstand am weitesten industrialisierten und urbansten Staaten, einzig vom Totalitarismus verschont gewesen sind. Hannah Arendt etwa findet eine Erklärung für den Aufstieg der Massen und des Totalitarismus in Lenins Imperialismustheorie. Wieder identifizieren Sartre und seine Schule, wie bereits bemerkt, alle Politik mit dem Klassenkampf. Vor allem aber haben fast alle Romantiker in Le Bon ein Requisit für ihre Haltungen zu den Massen und eine Erklärung für den Totalitarismus gefunden. Alles, was Le Bon wirklich sagte, war, dass eine Anzahl zusammen handelnder Menschen zu Irrationalität neige und dass aus diesem Grund eine Regierung durch das Volk unmöglich sei. Ihm erschienen alle Gruppen gleichermaßen verrückt. Eine Geschworenenjury war so sehr eine »Masse« wie eine außer Kontrolle geratene Verbrecherbande. Mehr noch, er nahm an, dass der Charakter der Massen durch die Rasse bestimmt sei. All das hielt er in der Manier des neunzehnten Jahrhunderts für »wissenschaftliche« Tatsachen.[45] Tatsächlich wusste Kierkegaard so gut wie Le Bon, wie Individuen sich verwandeln, wenn sie Teil eines Kollektivs werden, aber er maßte sich keine wissenschaftlichen Ansprüche an und verzichtete wohlweislich darauf, aus komplexen emotionalen Realitäten einfache politische Schlüsse zu ziehen. Trotzdem ist es Le Bon, dem sich heute jedermann zuwendet, um die eigene Furcht vor den irrationalen Massen bestätigt zu sehen.

Die Identifikation der Massen mit Irrationalität ist vor allem bei jenen beliebt, die darunter leiden, dass Marx tot ist. Für sie ist die Schlechtigkeit der Massen zumindest eine Erklärung für den Erfolg des Totalitarismus und das Versagen des Sozialismus. Koestler etwa wandte sich direkt von Marx Le Bon zu.[46] Gleichermaßen aufschlussreich sind in diesem Zusammenhang Emil Lederers und Hannah

Arendts Theorien über die Massen und deren Beitrag zum Totalitarismus. Beide versuchen, Marx mithilfe Le Bons zu revidieren. Lederer glaubt weiterhin mit Marx, dass alle Gesellschaften bis heute durch Klassenstrukturen bestimmt werden. Die klassenlose Gesellschaft aber, die Marx erhofft hatte, sei ein schrecklicher Irrtum gewesen. Sie sei in Wirklichkeit die Massengesellschaft oder vielmehr gar keine Gesellschaft gewesen, denn seit dem Zusammenbruch der Klassen habe auch die Gesellschaft sich aufgelöst. Le Bons irrationale Massen sind die Nachfolger der Klassen. Totalitäre Regimes institutionalisierten, erhielten und spiegelten das Massenleben wider, auf dem ihre Macht basiere. Der Staat sei immer Ausdruck von Klasse, Masse oder Existenz.[47] Das ist auch im Wesentlichen Hannah Arendts Ansicht, außer dass sie den Nationalstaat für ebenso wichtig dafür hält, die Gesellschaft davon abzuhalten, sich in eine amorphe Masse zu verwandeln. Zudem reicherte sie ihre Beschreibung der Natur der Massen mit psychologischen Faktoren an, wie dem Gefühl, überflüssig zu sein. Aber das ist nur Teil der fehlenden nationalen und Klassenfunktion der Massen.[48] Für Arendt, wie für Lederer, hat die Unmöglichkeit, an das Proletariat zu glauben, zu einer Sichtweise geführt, die die Mehrheit der Menschen zu einem Leben vernunftloser Wildheit verdammt, die nur einige künstliche Einhegungen, wie etwa Klassenschranken, kontrollieren könnten. Mit dem Ende marxistischer Sicherheiten ist die Gesellschaft fremd, irrational und unbeherrschbar geworden und eine neue Form des »unglücklichen Bewusstseins« ist entstanden, das wieder einmal glaubt, die »Welt« könne nicht erlöst werden.

Alle diese Massentheorien leiden an denselben Defekten wie die Marx'sche Klassentheorie, aber wenigstens behandeln sie die Massen als ein konkretes, neues gesellschaftliches Phänomen und versuchen zu zeigen, wie sie totalitär wurden. Das ist mehr als das, wozu die puren Romantiker fähig sind. Jaspers spricht vom Nazismus als der Auflösung alter Loyalitäten, einem Verlust des Glaubens, aber das ist kaum eine befriedigende Beschreibung.[49] Marcel nimmt einfach an, dass die westliche Zivilisation aufgehört habe, sich um den Einzelnen zu sorgen, und es nie wieder tun werde. Der Totalitarismus sei schlicht das Zeichen dieses Zustands. In einem solchen Regime könne Freiheit nie durch politisches Handeln erreicht werden. Nur durch Transzendenz sei die Befreiung des Einzelnen noch möglich. Das allein sei unter allen Bedingungen die wahre Freiheit. Das ganze Problem, wie er auch selbst zugibt, sei gar nicht politisch, sondern spirituell.[50] Die Situation des Menschen in der modernen Welt könne, wie alles andere, nur gefühlt, nicht aber verstanden werden. An dieser Stelle bleibt der Romantizismus stehen.

Der Zustand der heutigen Welt trägt viel zum Wachstum des unglücklichen Bewusstseins bei. Es ist heute der am weitesten verbreitete intellektuelle Zustand und jener, zu dem sich die erfinderischsten und subtilsten Geister hingezogen fühlen. Und wer kann sagen, dass sie »falschliegen«? Freilich können sie uns keine kohärente Darstellung der Natur, des Menschen, der Geschichte oder der Gesellschaft liefern. Sie versuchen es nicht einmal, weil die Niederlage des Geistes eben darin besteht: dass alles unverständlich geworden ist. Aber dennoch wird uns die Sonderbarkeit »der Welt« stets aufgedrängt. Die Romantik der Niederlage ist die schlichte Unterwerfung unter diese »Andersheit« der Natur und der Gesellschaft. Alles, was dem unglücklichen Bewusstsein bleibt, ist, die eigene Integrität gegen die Übergriffe einer feindlichen Welt zu bewahren. Seine praktischen und intellektuellen Schwächen sind mehr als offensichtlich – doch es bleibt eine Frage: Ist etwas anderes möglich?

(1957)

Antike und Moderne

Die Rezension einer Essaysammlung ist bekanntlich eine schwierige Aufgabe und Hannah Arendts Buch *Between Past and Future* ist in dieser Hinsicht keine Ausnahme.[1] Unausweichlich sieht man sich einer unüberschaubaren Zahl von Themen und Stilen gegenüber, findet zu verschiedenen Zeiten, für verschiedene Zwecke und ein je anderes Publikum geschriebene Stücke vor und ist mit Widersprüchen und Wiederholungen sowie einem grundsätzlichen Mangel an Kohärenz und Kontinuität konfrontiert. Glücklicherweise wird der vorliegende Band beherrscht von einem auf einzigartige Weise einheitlichen wie nachdrücklichen intellektuellen Standpunkt sowie von der Wiederkehr zweier zentraler Themen: einem verständnisvollen und scharfsinnigen Interesse an den Philosophen der klassischen Antike und einer starken Abneigung gegen die heutige Zeit und alles, was zu ihr beigetragen hat. Der Kontrast zwischen Antike und Moderne ist das verbindende Element, das diese sechs »Übungen« zusammenhält und ihnen eine einheitliche Struktur gibt: Je heller der Ruhm der Antike, desto dunkler die Verfehlungen der Moderne. Dabei gibt sich Arendt nicht der Nostalgie hin. Sie verachtet sie bei anderen und erlaubt diese simple Stimmung auch sich selbst nicht. Ebenso wenig geht es ihr um die Wiederbelebung dieser oder jener besonderen Tradition. Gerade die Bedeutungslosigkeit der gesamten Vergangenheit zeichnet für sie die Gegenwart aus. Sie ist allein daran interessiert, die Gegenwart ›bloßzustellen‹, indem sie sie in schärfstem Kontrast dem einzigen Zeitalter gegenüberstellt, das sie wirklich bewundert: der intellektuellen Epoche, die mit Platon beginnt und mit Augustinus endet. Dieses Vorgehen führt dazu, dass den Leser das Gefühl beschleicht, hier seien in Wahrheit zwei Arendts am Werk. Die eine ist eine sorgfältige, anspruchsvolle und überzeugende Interpretin der antiken Philosophie. Die zweite verfährt rhetorisch, oberflächlich und verallgemeinernd und ist mehr daran interessiert zu verurteilen, als zu erklären. Während die Begrifflichkeit, die sie bei ihrer Beschäftigung mit der Antike verwendet, präzise und treffend ist, sind die der Gegenwart gewidmeten Teile durchsetzt von Phrasen wie: »die Weltentfremdung moderner Menschen«, »die

Sinnlosigkeit der modernen Welt«, »Massengesellschaft« und »die Bedingtheit des Menschen« [*the human condition*].[2] Solche Wendungen sagen etwas über den Gemütszustand der Autorin aus, aber nichts über die Welt, die sie beschreibt.

Die grundsätzliche Fehlentwicklung der gegenwärtigen Welt besteht ihr zufolge im völligen Verlust jeglicher Ehrfurcht vor der Tradition und damit der Möglichkeit einer stabilen Rangordnung moralischer Einstellungen, von Autorität und vor allem jeglicher politischer Orientierung. Arendt entwickelt diese Gedanken in den beiden längsten und besten Essays,[3] indem sie die Veränderungen in den Begriffen der Geschichte und der Autorität untersucht. Der interessanteste Punkt, den Arendt in ihrer Erörterung des Geschichtsbegriffs aufwirft, betrifft das Ausmaß, in dem die Begriffe der Natur und der Geschichte voneinander abhängen. Weil die Griechen die Natur als unvergänglich ansahen, stach die Sonderstellung des Menschen als des einzigen Wesens, das verurteilt ist, der Vergessenheit anheimzufallen, als beinahe unerträglich heraus. Der letzte Zweck der Geschichtsschreibung habe, implizit bei Herodot und explizit bei Thukydides, deshalb darin bestanden, die Sterblichkeit zu überlisten, indem wenigstens die Erinnerung an die großen

Männer und Taten würde bewahrt werden. Dieses Ziel erlege dem Historiker, ja sogar dem Dichter, sein eigenes Maß an Unparteilichkeit auf: Eine Heldentat ist eine Heldentat, sei es die Hektors oder Achills. Beide müssten gewissenhaft festgehalten werden. Letztlich diente Arendt zufolge die griechische Geschichtsschreibung nicht weniger als das Drama als ein Instrument der Reinigung, der Katharsis, das heißt als ein Mittel, Schmerz im erneuten Durchleben tragischer Erfahrungen zu lindern. Das einzige Beispiel jedoch, das sie für diese These anführt, stammt aus der *Odyssee*. Dagegen ist schwer zu erkennen, wie diese ›dramatische‹ Interpretation auf Herodot oder Thukydides angewandt werden könnte. Bei Ersterem scheint das Bestreben, zu unterhalten, zu informieren und eine noch so absurde Geschichte zu erzählen, jede derart tiefgründige Absicht oder Wirkung auszuschließen. Bei Thukydides besteht das offenkundige Ziel darin, zu erklären, das heißt, die tiefsten Ursprünge politischen Verhaltens und dessen natürlichen Verlauf aufzudecken. Sollte es sich hierbei überhaupt um ein Drama handeln, so um das des menschlichen Charakters und wenn nicht schon alles Verstehen selbst eine Form von Katharsis ist, dann steht die Geschichtsschreibung des Thukydides für ein neues und ganz anderes intellektuelles Unternehmen: Geschichtsschreibung als wissenschaftliche Erklärung menschlichen Verhaltens, des guten wie des bösen.

Für die Römer war die Geschichte ohne Frage eine Fundgrube praktischer Klugheit, aus der sich jede Generation suchen konnte, was den eigenen Bedürfnissen entsprach. Obgleich Arendt es nicht erwähnt, steht auch diese Tatsache in Verbindung mit der entschieden pragmatischen Einstellung der Römer zur Natur. Man betrachtete die Natur als ein Gebiet, das es zu bewältigen galt; das erklärt die großen technischen Unternehmungen. Auch die Vergangenheit wurde so zum Handbuch für den zeitgenössischen Politiker. Außerdem vergisst Arendt über ihrer Sorge, Vergangenheit und Gegenwart strikt zu scheiden, welch tiefen Einfluss die römische Idee auf moderne Theoretiker hatte: Machiavelli, die klassischen englischen Republikaner, Montesquieu, Rousseau, John Adams – sie alle waren in dieser Hinsicht Anhänger des Polybius.

Arendt hat, wenn sie auf das christliche Geschichtsdenken zu sprechen kommt, völlig recht damit, dass die Geschichte für Augustinus einigermaßen unbedeutend war. In der Tat war es nur die Notwendigkeit, die Christen gegen den Vorwurf zu verteidigen, sie hätten den Fall Roms bewirkt, die ihn überhaupt erst zur Beschäftigung mit der Geschichte zwang. Die Tradition providenzieller Geschichtsbetrachtung von Eusebius bis Bossuet bedeutet für Arendt zu Recht keinen Bruch mit römischen Vorstellungen, insofern auch in dieser Tradition Geschichte nicht als etwas galt, das irgendetwas Neues zu lehren imstande wäre. Die ›großen Ereignisse‹ lagen in der Vergangenheit. Die Schöpfung und die Wiederkunft Christi seien bereits geschehen und das historische Leben bis zum Ende der Zeit eine bloße Pilgerfahrt, deren Aufzeichnung keinen inneren Wert besitze außer dem, den Menschen nicht an seine Größe, sondern vielmehr an seine Geringfügigkeit vor Gott zu erinnern. Hierzu sind nur zwei kleinere Punkte anzumerken. Der eine ist, dass die providenzielle Geschichtsbetrachtung politisch keineswegs neutral war: Die Weltgeschichte als eine Rechtfertigung politischer Ziele zu betrachten, ist keine moderne Erfindung. Die Weltgeschichte von Eusebius oder Bossuet war so sehr als Verteidigung des Absolutismus gedacht, wie diejenige Condorcets die Revolution unterstützen sollte. Zweitens ist die providenzielle wie die römische Theorie nicht so plötzlich ausgestorben, wie Arendt behauptet. Vico glaubte an die Vorsehung und Hegels Theodizee war in höherem

Maße der Versuch, Condorcet und Bossuet miteinander in Einklang zu bringen, als Arendt dies aufgrund ihrer Überzeugung, dass Hegel als *Erster* »die gesamte Weltgeschichte als einen kontinuierlichen Entwicklungsprozeß [sah]«,[4] zu berücksichtigen vermag.

Arendt besteht überzeugend darauf, dass die moderne Theorie der Geschichte als eines mit der Natur identischen Prozesses, als etwas, das weder Anfang noch Ende hat, und als einer Ideologie, die vorgibt, sowohl die Vergangenheit im Ganzen zu erklären als auch die Ziele für die gesamte Zukunft der Menschheit festzulegen, nicht als eine bloße ›Säkularisierung‹ der providenziellen Geschichtstheorie begriffen werden könne. Die moderne Theorie der Geschichte ist tatsächlich so radikal und neu, wie ihre Urheber sie gesehen haben. Der Ausschluss des Göttlichen aus der Geschichte ist keine geringfügige Änderung; er bedeutet einen vollständigen Bruch mit der christlichen Vergangenheit. Diejenigen, die wie Carl Becker der Vorstellung eine übermäßige Bedeutung beigemessen haben, die Theorie eines zwangsläufigen Fortschritts sei ›in Wahrheit bloß‹ säkularisiertes Christentum, folgten dabei einer verbreiteten Mode der ›Entlarvung‹.[5] Diese ergeht sich darin, zu ›beweisen‹, dass alles ›in Wahrheit‹ wie etwas ganz anderes ist, dass die großen Unternehmungen der Vergangenheit ›in Wahrheit‹ nur Kleingeld waren in einem intellektuellen Schatz, der nur aus wertlosen Münzen bestand. Das Ergebnis solcher Analysen ist, dass alles ›in Wahrheit‹ aussieht wie alles andere und folglich vollkommen unverständlich und bedeutungslos ist. Die neue Art der Geschichtsbetrachtung und ihre zugehörigen Ideologien als ›Häresien‹ zu bezeichnen, stellt – mit einem einzigen Wort – zugleich Vertrautheit, Handhabbarkeit und Verurteilung bereit. Das mag beruhigend sein, trägt aber, wie Arendt zeigt, nur wenig zu unserem Verständnis des modernen Denkens bei. So gibt Arendt bemerkenswerte Hinweise auf die Bedeutung, die dem Einführen von Unterscheidungen als dem einzigen Weg zukommt, zu einem Verständnis von Kontinuität und Veränderung in der Geschichte der Ideen zu gelangen. Die Schwierigkeit mit ihrer Art von Unterscheidungen besteht jedoch in ihrer Neigung, ausschließlich in absoluten Gegensätzen zu denken, niemals in Abstufungen oder Nuancen. Das wird erneut deutlich, wenn sie darauf besteht, die politische Theorie sei im letzten Drittel des achtzehnten Jahrhunderts *zur Gänze* von der Vorstellung der ›Geschichte als Prozess‹ verschlungen worden. Diese Deutung übersieht Bentham, der, in zufriedenem Desinteresse an der Geschichte, vernünftig und tolerant, auf seine Weise einflussreicher war als alle seine Zeitgenossen.

Ihre Überzeugung, dass der Bruch mit der Vergangenheit nicht nur vollständig war, sondern auch immer dieselbe Form annahm, bereitet ihr außerdem einige Schwierigkeiten mit Kant. Wie alle Interpreten Kants, so ist auch sie verwirrt von seinen Ausflügen ins Reich der Geschichte. Welchen Ort, so fragt man sich, hat dieses kannibalische Ungeheuer in einer Moralphilosophie, die so entschlossen das handelnde Individuum zu ihrem Mittelpunkt macht, das allein zu autonomem Handeln fähig und Träger eines Gewissens ist? Arendt zeigt deutlich, was für ein großes Rätsel das ist, hilft uns aber wenig, es zu lösen, wenn sie darauf besteht, Kants Geschichtsphilosophie sei ein prähegelianischer Entwurf gewesen, der ihm gegen seine tiefsten Überzeugungen aufgezwungen worden sei. Sie mag mit dieser Interpretation selbstverständlich recht haben. Es gibt jedoch eine andere Deutung, die mindestens genauso plausibel ist. Denn eines ist sicher: Kants Identifikation des Reichs der Geschichte mit dem der Natur ist so verhängnisvoll, wie Arendt es beschreibt, *wenn* wir voraussetzen, dass Kant einzig die physikalische, biologische Natur im Auge hatte, die selbst Hegel untätig nannte, und nicht das ganze Gebiet der Welt der Erscheinungen, der Kontingenz. In letzterem Fall hätte Kant nur erneut versucht, Natur und Freiheit in einem »Vernunftglauben« zu versöhnen.[6] Denn »[die Philosophie] muß also wohl voraussetzen: daß kein wahrer Widerspruch zwischen Freiheit und Naturnotwendigkeit ebenderselben menschlichen Handlungen angetroffen werde, denn sie kann eben so wenig den Begriff der Natur, als den der Freiheit aufgeben«.[7] Der Sinn seiner Idee der »Naturabsicht« besteht,[8] kurz gesagt, darin, trotz allen entmutigenden Gegenbeweisen, die von der Gesamtheit des menschlichen Verhaltens in der Vergangenheit geliefert wurden, daran festzuhalten, dass Freiheit wenigstens möglich ist. Der Punkt, in dem Recht, Politik und Moral bei Kant zusammentreffen, ist bekanntermaßen der allgemeine Imperativ: »Handle äußerlich so, daß der freie Gebrauch deiner Willkür mit der Freiheit von jedermann nach einem allgemeinen Gesetze zusammen bestehen könne.«[9] Um dieser Pflicht Gültigkeit zu verleihen, war es nur nötig zu zeigen, dass solche Handlungen *möglich*, nicht aber, dass sie unausweichlich oder notwendig sind. Tatsächlich bemerkt Kant häufig, dass wir »nur eine sehr dunkele und zweideutige Aussicht in die Zukunft haben«.[10] So ist seine Theorie des Fortschritts tatsächlich nur ein Aufruf zur Hoffnung und zur Pflicht. Und das ist vielleicht der Punkt, an dem sich die Fortschrittstheorie der Aufklärung von ihren späteren, in viel höherem Maße organischen und deterministischen Fassungen unterscheidet. Sie war noch kein Handlungsprogramm oder eine Pseudoerklärung. Gewiss war sie aber eine radikale Absage an alle früheren Geschichtsbilder, die davon ausgegangen waren, dass die Vergangenheit besser als die Gegenwart gewesen sei. Kurz, sie war der folgenschwere Sieg der ›Modernen‹ über die ›Alten‹.

Schließlich macht Arendt einige harsche Bemerkungen zu den falschen Analogien, die zwischen dem methodischen Zugriff des Wissenschaftlers auf die Natur und dem des Historikers auf die Geschichte gezogen wurden und werden. Sie sieht in der Forderung nach ›wissenschaftlicher‹ Objektivität weder eine Rückkehr zur griechischen Unparteilichkeit noch einen Ausdruck der Hingabe an die Wahrheit, sondern ein bloßes Nachäffen einer imaginären wissenschaftlichen Unpersönlichkeit. Damit hat sie sicherlich recht. Sie übersieht jedoch eine weniger strenge Überlegung. Der Ruf nach Objektivität mag auch Ausdruck eines Widerwillens gegen politisierte Geschichtsschreibung und als Geschichtsschreibung maskierte Ideologien sein. Das Objektivitätsideal ist vielleicht nicht zu erfüllen; es ist aber eine bloße Beschimpfung, es als »eunuchenhaft« abzutun – insbesondere von jemandem, der die Verachtung für totalitäre Ideologien teilt.[11]

Das beste Stück des Buches ist der Essay *Was ist Autorität?*[12] Hier erfahren wir wenig über die Gegenwart, ausgenommen, dass in ihr heute keine Spur von Autorität mehr geblieben ist. Arendts Faszination für Kontraste, vor allem für den zwischen Vergangenheit und Gegenwart, bleibt bestehen und verleitet sie zur Übertreibung einiger Punkte, die ansonsten vollkommen einleuchtend sind; aber da sie hier vor allem an der klassischen Antike interessiert ist, bleibt sie doch völlig überzeugend. Wenn man dennoch versucht ist, einige ihrer Deutungen anzuzweifeln, so bezeugt das deshalb auch eher ihre Fähigkeit, zum Denken anzuregen, als Ausdruck nörgelnder Kritik zu sein. Das Hauptziel dieses Essays besteht darin, den Gedanken der Autorität dadurch zu erläutern, dass gezeigt wird, wie Platon und Aristoteles bei den Griechen erfolglos versuchten, was den Römern sodann gelang: dem Korpus politischen Denkens die Idee der Autorität einzupflanzen. Laut Arendt setze wirksame Autorität eine hierarchische Sozialordnung voraus, in der der Unterschied zwischen Herrschern und Beherrschten deutlich sei und weder von Zwang oder Überredung, sondern von einem geteilten System politischer Überzeugungen abhänge, vor allem von einer gemeinsamen Verehrung für die Tradition. Autorität und der Sinn für Tradition sind deshalb für sie untrennbar verbunden und zwei Seiten derselben Medaille. Im politischen Leben der klassischen griechischen Polis habe es jedoch keinen Platz für Hierarchie oder Autorität gegeben, wie Arendt beobachtet, und dies habe jede Theorie der Autorität zwangsläufig zum Radikalismus verdammt. Das trifft mit Sicherheit auf Platon zu. Sein Radikalismus war zu extrem, um eine geteilte Tradition als Grundlage einer Herrschaft der Autorität [*authoritarian rule*] zuzulassen. Die Philosophenherrschaft ist daher auch kein autoritäres Regime. Der Abstand zwischen denen, die ›wahres Wissen‹, und denen, die bestenfalls ›richtige Meinungen‹ besitzen, ist so ungeheuer groß, dass er die bloße Möglichkeit einer gemeinsamen Werteordnung als Legitimation von Autorität ausschließt. Daher rührt der dunkle Schatten von Zwang und Strafe, der, trotz Platons bekanntem Widerwillen gegen Gewalt, über der Stadt der *Nomoi* schwebt.

Arendt zufolge versuchte auch Aristoteles, ein Prinzip der Autorität in die Polis einzuführen. Seine Vorstellung erzieherischer Herrschaft, so glaubt sie, komme jedoch einer Reduktion politischer Herrschaft auf Haushaltsführung gleich, die Aristoteles eindeutig zu einer der wahren politischen Herrschaft unterlegenen sozialen Tätigkeit erklärt. Diese Interpretation bezieht Ideen aus pseudoaristotelischen Texten ein und sie bedeutet auch, Aristoteles Selbstwidersprüchlichkeit vorzuwerfen, was angesichts der monumentalen Konsistenz des aristotelischen Werks ein, wie Arendt zugesteht, heikles Unterfangen ist. Ist es nicht vielleicht möglich, dass Aristoteles etwas versuchte, was Arendt für unvorstellbar hält, nämlich der griechischen Politik eine Traditionsorientierung einzuflößen, ohne Zuflucht zur Herrschaft der Autorität zu nehmen? Schließlich akzeptierte Aristoteles die Idee einer Bürgerschaft, die abwechselnd regiert und regiert wird. Seine ›natürliche Ordnung‹, in der die Alten und Weisen die Jungen und Unwissenden regieren, war ein gebräuchliches Schlagwort in der Begriffswelt der Oligarchien. Es bezeichnet Aristoteles' Interesse, ganz anders als das Platons, zu einem bestimmten vergangenen Zustand der Polis zurückzukehren – nämlich zu dem Athen Solons, denn Solon war die einzige historische Persönlichkeit, die Aristoteles rückhaltlos bewunderte. Nun beruhte Solons Ideal sozialer Harmonie nicht auf einer

Herrschaft der Autorität. Es beruhte auf einem Glauben an Selbstbeherrschung, daran, ›die Dinge so zu sehen, wie sie sind‹, sowie auf der Erkenntnis, dass es unüberschreitbare Grenzen menschlicher Möglichkeiten gibt, die es notwendig machen, die schwierigste aller menschlichen Einstellungen zu erwerben: Resignation. Denn allein Resignation könne uns zur Selbstbeherrschung und damit zu sozialer Harmonie verhelfen. Resignation, begriffen als die Anerkennung des eigenen Platzes in der universellen Ordnung, ist für Aristoteles genauso wichtig wie für Solon. In beiden Fällen ist das Rezept dasselbe: Anpassung an die Natur sei der einzige Weg zu sozialem Frieden und Stabilität, zu einer wahrhaft ›natürlichen‹ Ordnung. Die Rückkehr zu solonischen Prinzipien bei Aristoteles ist traditionalistisch in demselben Sinn, in dem die fortwährende Erinnerung an ihre Gründungsväter für die Römer das Wesen der Tradition ausmachte. Kurz, Arendt zieht die Trennungslinie zwischen römischen und griechischen Einstellungen viel zu scharf. Dabei irrt sie nicht in ihrer Betonung des römischen Traditionalismus und ihrer Grundlage im Ahnenkult. Selbst Freiheit war für die Römer eine lokale Tradition, wie in einem späteren Essay bemerkt wird. Es ist auch richtig, dass nur in Rom Traditionalismus und

Herrschaft der Autorität in der gemeinsamen Ehrfurcht vor der Vergangenheit sich vollständig verbanden. Es ist sogar richtig, dass sie in ihrer Vergötterung der ›großen Gesetzgeber‹ weiter gingen als je ein Grieche vor ihnen. Schließlich blieb es Plutarch überlassen, einem romanisierten Griechen, Lykurg und Solon in die Hände eines jeden Schülers zu legen – auch in Machiavellis und Rousseaus (und, wie Arendt hinzufügt, Robespierres).

Obwohl also Arendts zentrale Deutungen nicht infrage gestellt werden können, führt ihre Ansicht vom vollständigen Gegensatz zwischen griechischem und römischem Denken zu dem unglücklichen Ergebnis, die Möglichkeiten eines Traditionalismus zu ignorieren, der in keiner Weise autoritär ist. Das ist für jemanden, der den Sinn für Tradition an sich so hoch schätzt, kein unwesentlicher Punkt. Auch kann einem Bewunderer der Herrschaft der Autorität die Möglichkeit einer nichthierarchischen Form der Autorität nicht gleichgültig sein. Auf diese Möglichkeit stößt, wer den Inhalt von Traditionen untersucht. Arendt neigt dazu, die römische Traditionsorientierung auf die Ergebenheit gegenüber den Gründungsvätern zu reduzieren. Das ist das Bild eines inhaltslosen Traditionalismus, ein künstliches Konstrukt, in dem sich jedenfalls die römische politische Theorie oder Praxis nicht erschöpft. Der römische Gebrauch der Geschichte als einer Fibel der Klugheit, den Arendt, wie wir gesehen haben, so überzeugend beschreibt, beinhaltete in der Politik einen Pragmatismus, den sie ignoriert. Verfassungsmanipulation, der Nachdruck, der auf Techniken für politischen Erfolg zuhause wie auswärts gelegt wurde, und damit das politische Spezialistentum – all dies sind Elemente der Fähigkeit, sich, ohne mit dem Traditionalismus zu brechen, empfundenen Erfordernissen anzupassen. Das äußerte sich vor allem in dem in Griechenland unbekannten Aufkommen einer Rechtskaste, die ein Rechtssystem auf der Grundlage ebenso traditionalistischer wie pragmatischer Prinzipien erbaute. Sie betrachtete das Recht nicht als Ausdruck einer tiefen inneren Harmonie, sondern als System erlassener Regeln und gerichtlicher Techniken zur Beilegung wiederkehrender Interessenkonflikte. Das weite Gebiet menschlicher Beziehungen, das durch das Privatrecht erfasst ist, wird somit zwar durch Autorität reguliert, aber es handelt sich dabei um eine in hohem Maße unpersönliche Form der Autorität, die nicht ohne Weiteres als ›Pyramide‹ beschrieben werden kann. Dass sie mit einer solchen völlig verträglich war, ist allerdings auch richtig. Entscheidend ist, dass die

Neigung, Politik als Technik zu betrachten, den Traditionalismus davor bewahrte, zur Orthodoxie zu erstarren.

Im Großen und Ganzen steht keiner dieser Punkte im Widerspruch zur Grundrichtung von Arendts Denken. Die Probleme ergeben sich daraus, dass sie ihre oftmals glänzenden Wahrnehmungen zu gewichten und auszuführen versäumt. Vermutlich wäre das jedoch dem einen ihrer Zwecke zugutegekommen: der Untersuchung der griechischen und römischen Antike. Es ist offenkundig, dass diese Aufgabe für sie von großer Bedeutung ist: »[Die Menschen] haben niemals, weder davor noch danach, die politische Aktivität so hochgeschätzt oder diesem Gebiet eine solche Würde verliehen.«[13] Sie waren es, die »das Wesen und die Sphäre der Politik entdeckten«.[14] In allem, was sie sagt, schwingt unausgesprochen die Überzeugung mit, dass niemand »davor oder danach« so klar und tiefgründig über Politik nachgedacht habe wie die Griechen und Römer – so sehr, dass wir weder mit ihnen noch ohne sie zu denken imstande scheinen. Arendts zweites Ziel ist es, uns unsere ungewisse Lage zu zeigen, in der uns keine Tradition an die Vergangenheit binden und keine Autorität in die Zukunft führen kann. Vor allem ist sie darauf bedacht, das grundlegend Neue dieses Zustands herauszustellen – im Besonderen die ›Einzigartigkeit‹ seines Inbegriffs, des Totalitarismus. Verlangte man von ihr, sich mit ihrem ersten Ziel – der Auseinandersetzung mit der Antike – mit den nötigen Voraussetzungen und Einschränkungen zu befassen, würde dies unvermeidlich implizieren, sie solle ihr zweites und gegenwärtig wohl drängenderes Ziel aufgeben – die Verurteilung der Gegenwart. Und das würde heißen, die häufigste und zugleich größte Sünde eines Rezensenten zu begehen: dem Autor vorzuwerfen, nicht ein ganz anderes Buch geschrieben zu haben. Denn genau so, wie es ist, stellt Arendts Buch von »Übungen« einen bedeutenden Beitrag zum historischen und politischen Denken dar.

(1963)

Der Triumph Hannah Arendts

Das Leben und der Tod von Philosophen haben eine Bedeutung, die über die Person hinausreicht. Als Hannah Arendt am 4. Dezember starb, betrauerten viele eine Freundin und Lehrerin, einige aber erkannten außerdem, dass eine Kultur, die längst in Scherben lag, ihre letzte und hervorragendste Stimme verloren hatte. Nun bleibt niemand mehr, der aus der Tiefe eigener Erfahrung über das deutsche Judentum sprechen kann. Hannah Arendt war eine der letzten Überlebenden einer Gelehrtenrepublik, deren Sozialgeschichte so schrecklich und kurz war wie sie selbst intellektuell glanzvoll und beständig.

Ihre Karriere als Philosophin begann Hannah Arendt ganz konventionell mit einer Dissertation – über ein Thema, das weder jüdisch noch deutsch war. Sie handelte von Augustinus' Liebesbegriff.[1] Bald nachdem Arendt erkannt hatte, dass es nicht länger möglich war, derart fern der Geschichte zu weilen, wandte sie sich dem Studium des Lebens einer der ersten Repräsentantinnen jüdischer Assimilation zu: Rahel Varnhagen.[2] Daraus sollte keine Biografie werden, sondern eine Untersuchung der ursprünglichen Situation einer Gruppe, deren Ende bevorstand. Gerade erst aus dem Getto herausgetreten, verschrieb Rahel ihr Leben dem Goethekult und der deutschen Dichtung überhaupt. Erst auf ihrem Totenbett würde sie mit ihrem Leben als Jüdin, für das sie sich schämte, ins Reine kommen. In diesem Augenblick erkennen wir in ihr das vollkommen Menschliche, wie Heine es gesehen hatte. Hannah Arendt war kaum geneigt, solch moralischer Schwäche Verständnis entgegenzubringen, aber sie lehnte niemals die allgemeineren Hoffnungen dieses mangelhaften Einzellebens ab. Als sie Jahre später schließlich über die von ihr tief verehrte Rosa Luxemburg schrieb, vergaß sie nicht, die vollkommene Vertrautheit ihrer Heldin mit und ihre tiefe Liebe zur deutschen Dichtung zu erwähnen.[3] Das war keineswegs alles. Deutsche *Bildung** verlieh ihren Nutznießern seit dem achtzehnten Jahrhundert eine umfassende Vertrautheit mit den Klassikern, besonders den Griechen, und eine anhaltende Leidenschaft für sie. Ohne Jerusalem zu vergessen, war Hannah Arendts geistiges Leben auf Schritt und Tritt vom Gedenken an Hellas geprägt.

Mit dieser Erbschaft begann sie ihre Arbeit als politische Theoretikerin. Für sie und ihre Zeitgenossen war das Exil die stärkste und unmittelbarste Erfahrung. Man kann den Leiden der Exilanten nur sehr schwer unmittelbar Ausdruck verleihen und es ist unmöglich, sie denen zu erklären, die sie nie erfahren haben. Dennoch handelte einer von Hannah Arendts ersten politischen Essays auf sehr philosophische Weise von ebenjenen Leiden. Welchen Wert der Gedanke der Menschenrechte gegen den Staat auch einst gehabt haben mochte, meinte sie, so sei heute klar geworden, dass in der Welt der Nationalstaaten staatenlos zu sein bedeute, keinerlei Rechte zu haben. Das erste Menschenrecht sei es, einer politischen Gesellschaft anzugehören.[4] Ohne Staatszugehörigkeit ist man unerwünscht und heimatlos, mit einem Wort überflüssig. Dieser Essay und die Frage, wie Menschen systematisch in die Überflüssigkeit gestoßen wurden, sollte eines der Kernstücke ihres ersten und am weitesten rezipierten Buches werden: *Elemente und Ursprünge totaler Herrschaft*. Sein Thema sind nicht die Anfänge, sondern das Wesen dieses neuen Regimes. Ihren Lehrmeistern Aristoteles und Montesquieu folgend, hielt Arendt nach den Prinzipien des Totalitarismus Ausschau, statt seine Geschichte zu betrachten. So wie die

Furcht das Prinzip der alten Despotien gewesen sei, sei der Terror das Prinzip totalitärer Regime. Ihre Einzigartigkeit bestehe nicht nur in den ihnen zur Verfügung stehenden technologischen und organisatorischen Instrumenten, sondern in ihrem Aufbau. Vernichtung sei ihnen ein Zweck an sich. Weder Eigeninteresse noch Profit noch Selbstherrlichkeit treibe die Herrscher dieser Regime an, sondern das Verlangen, Menschen in bloße, ihrer Persönlichkeit beraubte Instrumente der Macht zu verwandeln. Aus diesem Grund hätten sie völlig neue Arten der Herrschaft entwickelt. Als Antisemitismus und Imperialismus das Klassen- und Staatssystem Europas geschwächt hatten, sei der Kontinent bereit für Rassismus, ewigen Krieg und totalitäre Parteien mitsamt ihren Führern gewesen. Die Welt der Massen habe ihr Schicksal ereilt. Es ist Mode geworden, den Begriff des Totalitarismus als eine Erfindung des Kalten Krieges zu kritisieren, die zum Ziel habe, antifaschistische Überzeugungen gegen die Sowjetunion auszunutzen und zu mobilisieren. Was sich an Wahrheit, wie gering auch immer, hinter diesem Vorwurf verbergen mag – auf Hannah Arendts Buch trifft er nicht zu, denn sein Rahmen war sehr viel weiter gesteckt, als sein Titel vermuten ließ. Es handelt nicht von bestimmten Menschen und Herrschern, sondern von der Dynamik des Untergangs allen öffentlichen Lebens in Europa. Der Totalitarismus wird innerhalb einer solchen Sichtweise zum Inbegriff und zur steten Möglichkeit einer Welt, die im besten Falle nur zur Hälfte den Verstand verloren hat.

Hannah Arendts zweites und tiefstes Werk, die *Vita activa*, erzählt eine sehr ähnliche Geschichte, wenn auch in einem weniger verzweifelten Ton.[5] Es ist die Darstellung jener großen Umkehrung von Werten, die die Welt der Moderne zum Gegenstück der Antike macht. Wollten wir uns selbst zu verstehen hoffen, so müssten wir uns im Vergleich zu den Griechen betrachten. Könnten wir auch nicht länger wie sie denken, seien wir ohne sie unfähig, überhaupt zu denken. Hannah Arendt erlag nie der Nostalgie, die unter Exilanten so verbreitet ist, aber sie sehnte sich nach der verlorenen Weisheit der alten Griechen. Sie hielten die Kontemplation für das Höchste und die Arbeit für das Niedrigste menschlicher Bemühungen; wir dagegen hätten uns dem gegenteiligen Kurs verschrieben und unsere Orientierung verloren. Die Griechen schätzten die Taten der Öffentlichkeit hoch; wir hätten vergessen, dass Privatheit ein Zustand staatsbürgerlicher Beraubung ist. Sie wiesen wirtschaftlicher Beschäftigung eine untergeordnete Stellung zu; wir beteten sie an. Das Christentum, so Arendt, bewahrte wenigstens das gemeinschaftliche und kontemplative Leben, aber die Naturwissenschaften und ein systematischer Zweifel an uns selbst hätten es zerstört und, statt uns zu befreien, den Klauen der Notwendigkeit ausgeliefert. Der Welt der Natur und Geschichte entfremdet, klammerten wir uns an das nackte Leben, unfähig, die Wirklichkeit zu begreifen, allen Gemeinsinns, aller Autorität und öffentlichen Traditionen beraubt. Wir hätten uns selbst enterbt, und dies bereits ohne jene Regime, die dem reinen Bösen entgegenstreben. Nicht die Botschaft der *Vita activa* ist es, die dieses Buch auszeichnet, sondern die Art und Weise, in der hier ein Argument entwickelt wird. Spekulative Philosophie, Ideengeschichte und gemeinsame Erfahrung sind hier in einem einzigen Netz verwoben, das nur an einen Vorgänger erinnert: an Hegel.

Der abschließende Band in Arendts Trilogie über politische Philosophie ist *Über die Revolution*.[6] Auf den ersten Blick erscheint es wie ein Valentinsgeschenk an Amerika, wie ein Hoch auf die eine siegreiche Revolution im Angesicht des Scheiterns aller anderen. Weil die amerikanischen Revolutionäre mit keinem drängenden Elend zu kämpfen gehabt hätten, sei die amerikanische Revolution der Auseinandersetzung mit der sozialen Frage entgangen. Anders als die Jakobiner seien sie nicht von der Politik des Mitleids beflügelt gewesen, die schließlich zur Politik des Terrors geworden sei. Zudem hätten die gründenden Väter,[7] Montesquieu folgend, gewusst, dass Macht und Freiheit nicht voneinander zu trennen seien. Die Franzosen, Rousseau treu ergeben, seien im Streben nach einem haltlosen Gemeinwillen von einem königlichen in einen vom Volke ausgehenden Absolutismus verfallen. Schließlich habe den Amerikanern die breite Streuung von Autorität erlaubt, eine dauerhafte Verfassung zu errichten, anstatt nur für kurze Zeit eine oktroyierte zu ertragen. Trotz all dieses Lobes lässt das Ende des Buches einen Patriotismus erkennen, der mehr als nur die Dankbarkeitsbekundung einer Geflüchteten ist. Der amerikanische Patriotismus neigt leidenschaftlich dazu, einen unaufhaltsamen Niedergang zu beklagen, und Arendt teilte diesen Hang ganz offensichtlich. Der Erfolg der Revolution verleitete zu einer moralischen und intellektuellen Erstarrung und einer Gleichgültigkeit gegen politische Teilhabe, die doch die ureigene Quelle der ursprünglichen Errungenschaften gewesen sei. Mit Tocqueville sah Arendt freiwillige Assoziation und die politische Behauptung von Minderheiten als die beste Hoffnung und größte Stärke der amerikanischen öffentlichen Tugend. Ohne diese Bollwerke gegen Wahnsinn, Lüge und Täuschung würden die *problem solvers*, die über unsere Regierung hergefallen sind, erfolgreich eine Gegenwirklichkeit schaffen können, in der Menschen bloße Hindernisse sind, die es zu beseitigen gilt, und in der regieren nur noch berechnen heißt.[8]

Niedergang und Korruption bildeten den Kern von Hannah Arendts politischem Denken. Das ist ein klassisches Motiv. Wenn Hitler auch den unmittelbaren Anstoß gegeben hatte, so waren Platon und Aristoteles doch die formellen Ursachen ihrer Philosophie. Zu keinem Zeitpunkt stellte sie den weitverbreiteten unsinnigen Vergleich zwischen Amerika und der Weimarer Republik an, aber ohne Letztere hätte sie sich wohl nicht der Politik zugewandt oder die Politik der Zerstörung zu ihrem Hauptanliegen gemacht. Politische Philosophie ist tragisches Denken. Ohne einen dramatischen Sinn für Schicksal und Veränderbarkeit würde sich kein vernünftiger Geist diesem hässlichen Thema zuwenden. Was Hannah Arendt dazu bewegte, der politischen Wirklichkeit so genau ins Gesicht zu sehen, war die Kraft der Vernunft und die Verachtung für die Illusion. Anderen schlüssig und verständlich zu machen, was sie sah, war ein großer geistiger Triumph –

für sie persönlich, aber auch für die Tradition des offenen politischen Diskurses.

(1975)

Die Vergangenheit neu denken

In einem berühmten Essay bemerkte Friedrich Nietzsche einmal, es gebe drei Arten der Geschichtsschreibung: die monumentalische, die antiquarische und die kritische. Hannah Arendt gehörte zu jenen, die er Monumentalhistoriker nannte.[1] In ihren besten Momenten wendet sich die Monumentalgeschichte an die politischen Akteure, um sie daran zu erinnern, dass hervorragende Menschen große Taten vollbrachten und dass, was dereinst machbar war, erneut zumindest möglich ist. Die Vergangenheit wird als ein Speicher politisch nützlichen Wissen vorgestellt, den man nur zu seinem eigenen Schaden außer Acht lassen kann. Jede Tat und jedes Ereignis, an das sich zu erinnern überhaupt wert ist, trägt eine bestimmte Lehre in sich, deren Sinn aufzudecken die Aufgabe eines solchen Historikers ist. Die Geschichte kann der Gegenwart daher dienen, anstatt sie bloß unter dem Gewicht der Vergangenheit zu begraben. Wie Nietzsche schätzte auch Hannah Arendt die belebenden Möglichkeiten der monumentalen Geschichtsschreibung und sie verehrte Polybius und die späteren römischen Historiker, die sie meisterlich beherrschten. Der Warnung Nietzsches folgend, konnte sie außerdem die Fehler vermeiden, für die jene chronisch anfällig waren. Sie neigten dazu, falschen Analogien zu vertrauen und die Folgen auf Kosten der Ursachen zu übertreiben. Arendt vermied diese Fallgruben, weil sie Philosophin war und also stets ganz und gar ihrer selbst bewusst und sich selbst berichtigend. Dies machte sie unter den Monumentalhistorikern einzigartig, die in der Regel derart pragmatisch sind, dass sie nicht nur in der Politik der Vernunft misstrauen, sondern allem spekulativem Denken schlechthin. Das wurde ihnen zum Verhängnis. Hannah Arendt hatte geistig anspruchsvollere Ziele als sie. Auch sie wollte, wie Nietzsche es nannte, eine »ikonische Wahrhaftigkeit« in Erinnerung bringen und »die zerbrochenen Formen« kitten.[2] Allerdings wollte sie, anders als jene, Menschen nicht bloß zum Handeln anregen. Sie hatte nicht die Absicht, die philosophische Arbeit hinter sich zu lassen, die den Menschen nicht vorschreibt, wie sie zu handeln haben, sondern wie sie denken können. Sie meinte, dass »der menschliche Geist eben Begriffe braucht, wenn er überhaupt funktionieren soll« und dass »seine vorderste Aufgabe im umfassenden Begreifen und Bewältigen der Wirklichkeit besteht«.[3] In diesem Unterfangen findet die Philosophie ihre Berufung. Es ist klar, dass philosophische Überlegungen »Lösungen nicht bieten können und nicht einmal bieten dürfen«. Selbst als Monumentalhistorikerin war ihr die Philosophie eine strenge Zuchtmeisterin, die ihr bestenfalls gestattete, »dem Wesen und den Möglichkeiten des Handelns […] nachzugehen«, und das bedeutet weder zu mahnen noch zu predigen oder Handlungen vorzuschreiben.[4]

Monumentalgeschichte

Es gehörte daher zu Hannah Arendts großen Stärken, dass sie in der Lage war, Monumentalgeschichte sowohl zu analysieren als auch selbst zu schreiben. In *Zwischen Vergangenheit und Zukunft* vollbrachte sie die kritische Arbeit, in *Über die Revolution* die schöpferische. Infolgedessen konnte sie sehr viel klarer erkennen, welche Aufgabe die Monumentalgeschichte besitzt, als es Nietzsche möglich war, der nur über sie nachgedacht hatte. Ihre Schwierigkeiten sind immens, doch läuft sie nicht Gefahr, die Gegenwart aus den Augen zu verlieren. Ihr größtes Problem besteht darin, der kritischen Geschichtsschreibung gegenüber glaubwürdig zu bleiben. Die Monumentalgeschichte muss, mit Unbehagen, aber notgedrungen, mit ihr leben und sie doch angreifen. Mit kritischer Geschichtsschreibung meine ich jene akademische Disziplin, die sich mit der Erklärung der sich innerhalb eines bestimmten Zeitraums ereigneten Veränderungen befasst und die immer noch, wenn freilich auch mit schwindendem Selbstbewusstsein, Rankes Ideal hochhält, mit Worten wiedererstehen zu lassen, »wie es eigentlich gewesen«.[5] Der kritische Historiker kann seiner Aufgabe nur dann gerecht werden, wenn er jede seiner Aussagen mit dem Verweis auf solche Belege rechtfertigt, die uns unsere Vorfahren in Schriften und Artefakten hinterließen. Daher bleibt er unser bester Richter darüber, was man legitimerweise über die Menschen und die Ereignisse der Vergangenheit sagen kann und was nicht. Für den Monumentalhistoriker ist das äußerst unbequem, da seine Ziele völlig andere sind, er sich aber auf die kritische Geschichtsschreibung verlassen muss, wenn er überzeugen möchte. Überspitzt gefragt: Mit wie vielen Auslassungen und Übertreibungen, wie vielen unerwähnten Einschränkungen und Nuancen und mit wie viel Wenn und Aber kommt der Monumentalhistoriker ungestraft davon, ohne Gefahr zu laufen, kritischer Prüfung nicht standhalten zu können? Hannah Arendt war sich dieser Schwierigkeit sehr wohl bewusst und erkannte zumindest implizit an, dass es für diesen Widerspruch keine Lösung gibt. Was sie über die römischen Historiker schrieb, gilt auch für sie selbst. Sie waren nicht im Geringsten am Prozess der Veränderung selbst interessiert und während sie Ursachen und Kontexte keineswegs ignorierten, standen diese doch nicht im Mittelpunkt ihrer Beschäftigung. Um Lehren zu erteilen, muss man aus einem bestimmten Ereignis allgemeine Schlüsse ziehen. Das Spezifische und Besondere wird zu einem gewissen Grad vernachlässigt. Das bedeutet jedoch nicht, dass Arendt blind gewesen wäre für den wirklichen Wert kritischer Geschichtsschreibung. Sie hatte entschieden etwas gegen jene funktionelle Soziologie, die die Quellen und die Einzelheiten des kritischen Historikers mit Geringschätzung straft. Sie folgte lediglich den Geboten ihrer Reise in die Vergangenheit. Ihr einziger Einwand gegen die kritische Geschichtsschreibung war deren Anspruch, ›wertfrei‹ zu verfahren. Das, meinte sie, bemäntele nur Trivialität oder Passivität. Echte Unparteilichkeit, die eine höhere Form von Integrität ist, sei die Fähigkeit, alle Parteien einer Auseinandersetzung fair und ohne Zorn oder Bevorzugung zu beurteilen. Diese bewundernswerte Selbstbeherrschung sprach sie eher Homer und den griechischen Dramatikern zu als modernen Historikern. Denn nicht zu Unrecht wollte sie Letztere daran erinnern, dass sie wiederum von den Monumentalhistorikern abhingen, um zu erfahren, welche Taten und Ereignisse groß und interessant genug waren, dass man sich ihrer überhaupt erinnern sollte. Überdies steht jede Art von Geschichtsschreibung in einem Verhältnis zur Gegenwart. Aber das vermindert die Distanz oder gar Feindseligkeit zwischen diesen beiden Formen der Geschichtsschreibung nicht. Man kann sie nicht verringern. Wohlweislich unternahm Arendt auch nicht den Versuch dazu, weil sie die Fähigkeit, mit beträchtlichen und unüberwindlichen intellektuellen Spannungen zu leben, für ein Zeichen von Weisheit hielt.

Es ist nicht zu leugnen, dass Hannah Arendt, so wie jeder andere Monumentalhistoriker, gelegentlich Bemerkungen über die Vergangenheit fallen ließ, die streng betrachtet einfach nicht stimmen. Meistens handelte es sich dabei um das Überbetonen oder Verschweigen von Sachverhalten, aber es waren keine Fehler, die ihr aus Unachtsamkeit unterliefen. Sie entsprangen den Zielen und dem Argumentationsstil von Monumentalgeschichte, die es immer mit Gegensätzen zu tun hat. In der Tat wohnt ihrer ureigenen Struktur ein Anflug von Manichäismus inne, was bei den antiken Historikern nicht weniger klar zutage liegt als in der ›göttlichen Wissenschaft‹ eines John Adams, den Hannah Arendt so sehr verehrte. Von der Theorie der Herrschaftsformen bis zur amerikanischen Verfassungstheorie finden wir Kontraststudien: Monarchie gegen Tyrannis, Aristokratie gegen Oligarchie, Demokratie gegen Ochlokratie, Rechtstaatlichkeit gegen persönliche Herrschaft, freie Regierung gegen Despotismus. Zu diesen Gegensatzpaaren fügte Arendt mindestens zwei weitere hinzu: Klassen gegen Massen und spontane gegen professionelle Politik. Die Monumentalgeschichte kann auf dieses Gerüst in keinem Fall verzichten. Loben heißt immer auch tadeln. Man kann widerlegen, ohne zu bewundern, und Arendt verabscheute jene servile wie bornierte Mentalität, die über sich selbst nicht hinauszusehen vermag. Um das Überlegene zu feiern, muss das Unterlegene zwangsläufig verachtet werden. Das gute Regime und der große Mann werden, selbst wo sie es von sich weisen, von ihren Gegensätzen bedroht – dem Schlechten und Kleinlichen in Regierungen und in Personen. Monumentalgeschichte im Allgemeinen und

Arendt im Besonderen lehren uns, wie zu loben und, impliziter, wie zu verdammen sei. Vielleicht ist dies der Grund, warum sie am Ende eine so starke Neigung zu den epischen Dichtern hegte, besonders zu Vergil.

Gründende Väter[6]

Bei Vergil fand sie die vollkommenste Darstellung jenes politischen Mythos, dem sie noch etwas Leben zutraute: dem Mythos vom Schaffen neuer Regierungsformen. Die Monumentalgeschichte hat stets die bewusste Tat von Gesetzgebern gepriesen. Polybius rühmte Lykurg und Machiavelli pries Romulus und Numa. Hannah Arendt stieß auf sie im Laufe einer fast verzweifelten Suche nach einem verlorenen Schatz, dem ›Geist der Revolution‹. Im Laufe dieser Suche unterzog sie all die politischen Tugenden, die von der Moderne aufgegeben worden waren, einer Revision, allen voran die der Tradition und der Autorität. Beide waren der spezifische politische Beitrag der Römer, die sie in der Praxis für untrennbar miteinander verwoben hielten. Für sie war Autorität weniger drängend als die Gebote der Macht, aber verpflichtender als bloßer Rat. Ihr Gewicht erhielt sie durch den Respekt, der den Etablierten und

Weisen zustand, die über Autorität nicht als etwas verfügten, das persönliche Eigenschaft war, sondern weil sie sich an die Normen, Ämter und Beispiele hielten, die von ihren Vorvätern, und vor allem von den Republikgründern, gesetzt worden waren. Religiosität war eine direkte Rückbindung (*re-legare*) der gegenwärtigen Generation an die Generationen der fernsten Vergangenheit. Tradition als das geheiligte Andenken an die Vorfahren, Autorität als die von ihnen gesetzten Verhaltensmaßstäbe und Religion als der Glaube, dass diese Verknüpfung von Vergangenheit und Gegenwart eine Pflicht sei, die politischen Erfolg gewährleiste, waren daher nicht voneinander zu trennen. Freilich waren die Römer durchaus unkritisch, was ihr ständiges Zurückblicken auf ihre frühesten Tage anging. Augustinus' sarkastische, auf Sallust gemünzte Bemerkung, dass, wenn die ersten Römer wirklich die besten gewesen wären, der Raub der Sabinerinnen die Glanzstunde Roms gewesen sein musste, trifft so ziemlich den Kern der Sache.[7] Hannah Arendt muss diese Passage aus dem *Gottesstaat* im Sinn gehabt haben, denn in ihrer Auswahl an Gründern und dem Lob, das sie ihnen spendete, war sie sehr wohl kritisch. In der Tat neigte sie dazu, falsche Frömmigkeit mit dem gedankenlosen Konservatismus gleichzusetzen, der an eine ungebrochene Traditionskette glaubt und nach zweihundert Jahren immer noch nicht die Vergeblichkeit und Nostalgie seiner Rhetorik bemerkt hat. Autorität und Tradition, die nun endgültig abgestorben sind, wieder zu irgendeiner Art von Leben zu erwecken, würde einer völligen geistigen Neugründung bedürfen, wie schon Vergil erkannt hatte. Echte römische Gründungen sah man nicht als ursprüngliche Schöpfungen an, sondern immer als eine Rückkehr zu den Grundlagen. Was Arendt im Sinn hatte, war also eine Neugründung – etwas sowohl Radikales wie Traditionelles. Nur der revolutionäre Geist, wie schwächlich er auch sein mochte, könnte uns noch dieser rettenden Möglichkeit erinnern, meinte sie.

Revolutionärer Geist war für Arendt offensichtlich keine zufällige Form von Rebellion. Er war streng genommen das Streben nach Freiheit und »öffentlichem Glück«.[8] Das ist weit weniger die Befreiung dieser oder jener Einschränkung des eigenen Willens oder Vergnügens als vielmehr die Möglichkeit, zusammen mit seinen Mitbürgern seine Rolle auf der öffentlichen Bühne zu spielen. Das Ziel des revolutionären Geistes sei es, sich selbst durch die Gründung eines Gemeinwesens lebendig zu erhalten, in dem politische Partizipation selbstverständlich ist und fortdauert. Genau genommen nur ein einziges Mal in den langen zweihundert Jahren des Bemühens sei dem revolutionären Geist ein Gründungsakt gelungen – das war in Amerika. Die Gründenden Väter waren laut Arendt tatsächlich in der Lage, mit ihrer Überfülle an politischer Energie ein neues Gemeinwesen aufzubauen und fortdauernde Institutionen zu schaffen. Ihre Revolutionsgenossen in Frankreich seien von ihrer ursprünglichen Aufgabe, der Verfolgung der Freiheit, abgelenkt worden und hätten alles verloren. Wegen der Vorherrschaft erdrückender Armut in Europa habe der Geist der Revolution sich in der Politik des Mitleids gleichermaßen verwirrt wie vergeudet. Mitgefühl für das Leid der Armen sei zum eigentlichen Prüfstein revolutionären Eifers geworden und weil diese Leidenschaft nicht befriedigt werden konnte, habe sie sich schon bald in Zorn verwandelt. Der *Terreur* sei der Ausdruck dieser explosiven Sentimentalität gewesen, die dann alle späteren Revolutionen befallen und vernichtet habe. Nur die amerikanischen Gründenden Väter, die in einem Land lebten, das von Leid einigermaßen verschont geblieben war, hätten die »soziale Frage« ignorieren und politisches Mitleid vermeiden können. Kein Nationalismus habe sie übermannt, weil sie kein neues absolutes Prinzip zu finden brauchten, um sich gegen einen absoluten Monarchen zu behaupten. George III. sei schließlich nur ein konstitutioneller Herrscher gewesen und es habe keiner übermenschlichen Geisteskraft bedurft, um ihn durch eine Republik ohne Souverän zu ersetzen. Schließlich seien die Amerikaner nicht zu Berufsrevolutionären geworden, die es darauf abgesehen hatten, das lokale und spontane öffentliche Leben der Städte und Gemeinden zu ersetzen. Selbst wenn das ihr Ziel gewesen wäre, hätten sie es nicht durchsetzen können. Trotzdem seien sie gerade hierin gescheitert – nicht durch einen Akt der Unterdrückung, sondern infolge bloßer Gleichgültigkeit. Für den Fortbestand ihrer Verfassung sorgten sie hervorragend durch eine ungebrochene Auslegung; die juristische Kontrolle[9] erhalte gewissermaßen die Gründungsdokumente am Leben. Den Geist der Revolution aber, die Partizipation, habe man verfallen und vergehen lassen. Allein Jefferson habe sich um ihn gesorgt. Sein Wunsch sei es gewesen, dass jede Generation die Gründung neu vollziehen und alle zwanzig Jahre einen neuen Anfang machen solle, und darum habe er eine lokale Selbstverwaltung der Gemeinden gefordert. Daraus sei nichts geworden, schlicht, weil die repräsentative Parteienregierung hinreichend funktionierte. Die Gründenden Väter hätten ihre Arbeit so gut getan, dass sich ihre Erben nicht dazu verpflichtet fühlten, vergleichbare Anstrengungen zu unternehmen.

Eine solche Nacherzählung der Geschichte von der Gründung Amerikas ist natürlich etwas exzentrisch. Ihre Verfehlungen werden schweigend übergangen, ebenso die Tatsache, dass ein langer und blutiger Bürgerkrieg gefochten werden musste, um ihre Mängel zu beheben und die Gründung zu erneuern und abzuschließen. Es war eben nicht bloß eine Erfolgsgeschichte. Freilich wollte Hannah Arendt nicht unsere Verfassungshistorie schreiben, sondern uns veranlassen, einen neuen Blick auf unsere Gründung zu werfen. Die gewohnheitsmäßigen Reverenzen, die der Verfassung gezollt werden, sollten eher im Sinne eines weniger bequemen Nachvollzugs des Geistes statt nur der Schrift des Gründungsdokumentes überdacht werden. Den revolutionären Geist neu zu denken, heiße, sich wieder mit der Freiheit zu beschäftigen. Revolutionäre Freiheit manifestiere sich in der spontanen Organisation normaler Menschen, so wie bei den revolutionären Vereinen Frankreichs 1789, den Sowjets im Russland von 1917, den Räten in Deutschland 1917 und in Ungarn 1956. Diese Vereinigungen würden am Ende stets von den

Parteiorganisatoren niedergeschlagen, den Berufsrevolutionären, die weder Gründer noch Befreier sind. Und doch habe eine echte Gründung wirklich ein einziges Mal aus dem Geist der Revolution stattgefunden; ihrer zu gedenken und sie zu loben, ist die Aufgabe der Monumentalgeschichte, wie Hannah Arendt sie verstand. Sich an sie zu erinnern, nötige dazu, die revolutionäre Tradition nicht bloß als Turbulenz zu betrachten, sondern als Möglichkeit der Gründung eines Gemeinwesens und der neuerlichen Bindung von Menschen an eine Autorität.

Indem sie so über Gründungen sprach, wollte Hannah Arendt uns dazu aufrufen, über Geschichte in einer besonderen Weise nachzudenken. Die Gründung sei in zweierlei Hinsicht ein willkürlicher Akt. Erstens bedürfe sie zu ihrer Rechtfertigung keiner vorausgehenden Regeln. Ihr Prinzip sei ihr Rechtfertigung genug. Die Struktur und der Geist des Gesetzes, die aus ihr hervorgehen, rechtfertigten (und heiligten sogar) eine erfolgreiche Gründung. Zweitens sei die Gründung nicht nur normativ willkürlich, sondern auch eine unvorhersehbare und keiner Regel folgende Unterbrechung des normalen Verlaufs der Geschichte und des politischen Lebens. Sie sei eine Möglichkeit, die plötzlich den gewöhnlichen Gang der Ereignisse durchbricht. Es war nicht Hannah Arendts Ziel, Nietzsches Ruf nach ›Leben‹ durch ein allgemeines Mythologisieren des Erlebens zu folgen; derartiges war ihr völlig fremd. Es war aber um der Gegenwart willen, dass ihr die Notwendigkeit, die Vergangenheit neu zu denken, so dringend erschien. Wenn der Gedanke einer Gründung so etwas wie ein politischer Mythos ist, ist er darum noch nicht überspannt. Im Gegenteil hat er die Aufgabe, uns gegen eine sehr reale und sehr bestimmte Gefahr zu wappnen.

Revolution und Tradition

Während ihrer Studien zum Totalitarismus, erzählt uns Arendt, gelangte sie zu der Überzeugung, dass die Vorstellung von Geschichte als einem zwangsläufigen Prozess wesentlich zur Mentalität totalitärer Führer beigetragen habe. Neu war an ihnen und ihren Regimes der Glaube, dass alles möglich sei. Wenn Geschichte einen Prozess der Art darstelle, wie man ihn in der Natur beobachten kann, müsse sie sicherlich technisch zu beherrschen sein. Kenne man die richtige Technik, könne man mit den Menschen alles tun – und ihnen alles antun. Das stoße die Tore ins Uferlose auf und diese Abwesenheit von Grenzen führe nicht weniger zu den Machtorgien der Führer, als sie die Massen in ihrem Gefühl bestätige, hilflos und sogar überflüssig zu sein. Indem man Natur und Gesellschaft als Felder behandele, die technischen Operationen offenstehen, meinte Arendt, schlössen sich sogar freie Menschen aus ihrer Welt aus, weil ihre ehemals verlässlichen Konturen zerstört würden. Es ist daher kaum verwunderlich, dass sie sich einer derart anderen Betrachtungsweise der Vergangenheit bediente. Diese Perspektive ist wählerisch und verweilt nur bei den Augenblicken, die für die Gegenwart konstruktiv zu sein versprechen, und sie betont das Vermeidbare im Gegensatz zum Unvermeidlichen. Nicht, dass es überhaupt allzu viele Möglichkeiten gegeben hätte, im Gegenteil: Der Geist der Revolution und die Gründung seien in Wirklichkeit nicht mehr als Gründe zur Hoffnung und Wegweiser in einer neuen Erkundung der Vergangenheit gewesen – beide auf höchst traditionellen Wegen. Ihr Ursprung liege, wie wir gesehen haben, in einer Geschichtsschreibung, die viel älter sei als die des neunzehnten Jahrhunderts und der es noch nicht um gewaltige unpersönliche Kräfte oder um die Vorhersage und die Beeinflussung einer fernen Zukunft gegangen sei. Im Gegenteil ermutige sie die gegenwärtige Generation, richtig zu handeln, weil ihre Vorfahren einstmals richtig gehandelt hätten. Arendts Wertschätzung für diese älteste aller Historiografien und den Rückhalt, den sie der Autorität und den Traditionen zukommen lässt, erwuchs aus der Überzeugung, dass die darauffolgenden Geschichtstheorien, angefangen beim Glauben an einen unausweichlichen Fortschritt, dem Geist der Freiheit feindlich gegenüberstanden. In ihren schlimmsten Formen konnten sie totalitäre Fantasien nähren. Selbst ohne diese mache es der Verfall der Autorität und Tradition gänzlich unmöglich, die Wirklichkeit zu erkennen, geschweige denn, die Jugend zu lehren, sich ihr zu stellen. Ohne die Erziehung zur Wirklichkeit sei sie der Herrschaft künstlicher und bedrohlicher Scheinwirklichkeit ausgeliefert. Es ist nicht die geringste Aufgabe der Politik, Erziehung zu fördern, wenn auch nur indirekt, indem sie ihr die nötige Stabilität bereitstellt. Stabilität war für Hannah Arendt aber kein Selbstzweck. Ihr ging es lediglich um die Sicherung des Realitätsprinzips. Der eigentliche Zweck von Politik seien Freiheit, das Überleben des revolutionären Geistes, Partizipation, das »öffentliche Glück«.

Revolution und Tradition auf diese Weise zu vereinen, hat etwas Paradoxes. Sind sie nicht natürliche Gegensätze? Heute sind sie es nicht mehr, denn inzwischen gibt es eine lange Geschichte revolutionärer Taten, weshalb aus ihr eine Tradition konstruiert werden kann. Freilich ist es die Geschichte eines nahezu völligen Scheiterns. Selbst ihr einer Erfolg, die amerikanische Gründung, stellte sich als diesem Geist nicht gewogen heraus. Eine denkwürdige Reihe heldenhafter Fehlschläge ist aber immer noch besser, als gar keine Erinnerungen zu haben. Die Monumentalgeschichte rettet, was immer es noch zu loben gibt, und bewahrt, was immer uns noch bei der Hand ist, um in dürftigen Zeiten zu überdauern. Das ist ein Dienst an einer Wirklichkeit, die sich keinen Illusionen über die ferne Zukunft hingibt, sondern uns mit einer lebendigen Vergangenheit versöhnt und uns lehrt, uns auf die beste erdenkliche Gegenwart zu konzentrieren. Und schließlich, und wahrscheinlich am wichtigsten, ist die merkwürdige und überraschende Verbindung von Revolution und Tradition eine philosophische Strategie – ja, es ist die älteste, die es gibt. Es ist die ursprüngliche und andauernde Aufgabe der Philosophie, das Vertraute unvertraut erscheinen zu lassen, uns aus der intellektuellen Lethargie des Gemeinplatzes aufzuschrecken. Die Philosophie führt vor Augen, dass man, was man zu wissen glaubte, eben *nicht* weiß. Das theoretische Denken ist eine Wiedergewinnung der Fähigkeit zum Staunen und Fragen. Nur erfindungsreiche Philosophien können uns in dieses Gewahrwerden hinein aufrühren. Das ist alles andere als leicht und das ist auch der Grund, warum Hannah Arendt ihre historiografischen Essays als »Übungen« bezeichnete. Sie sollten mitunter eine Art intellektuellen Sports sein – zumal für diejenigen, die allen Arten geistiger Anstrengungen aus dem Weg gegangen waren – und sondierenden Charakter haben, da spekulatives Denken kühn sein muss, ohne dogmatisch zu werden. Es erkundet, probiert aus und hegt Erwartungen.

Es war Hannah Arendts Entscheidung, sich gewissermaßen zwischen den Philosophen und den Dichtern niederzulassen. Sie kannte die Warnungen Platons vor den Letzteren und schenkte ihnen keine Beachtung. Um epische Geschichte zu schreiben – oder überhaupt eine Form von Geschichte –, muss man seinen Frieden mit den Meistern der Tragödie machen. Jedenfalls sind politische Philosophie und Geschichte, selbst wenn sie sich in der Höhle unserer wirklichen Welt bewegen, weder Dichtung noch Mythologie, auch wenn sie von ihnen gelegentlich Gebrauch machen. Hannah Arendt wollte über Politik hinaus nicht nach politischer Erleuchtung suchen. Sie mag den Pfad zur Sonne vielleicht reizvoll gefunden haben, aber sie wandte ihm resolut den Rücken zu. Ihr Buch endet mit der Bekräftigung der Grundsätze von Kants dritter Kritik – und das völlig zu Recht.[10] Politik sollte ein Ausdruck der Urteilskraft sein. Als solcher ist sie der Aufruf des unbefangenen Zuschauers an alle anderen, die ihrerseits nach Unparteilichkeit streben. Von ihrem aufgeklärten Gemeinsinn muss angenommen werden, allgemein akzeptable Normen zu liefern, in Bezug auf die wir urteilen und einander zu überzeugen suchen. Das erhebt uns über den erbärmlichen Egoismus der persönlichen Selbstdarstellung in Fragen der Kunst und der Sitten hinaus. Wir beweisen Geschmack, wenn wir willentlich dem besten Urteil von unseresgleichen beistimmen, und wir sind frei, wenn wir uns in einem beständigen politischen Austausch mit ihnen befinden. Hierin also, in Urteilskraft und Überzeugungsvermögen, besteht die Verbindung von Politik und Philosophie. Sie ist, wie Hannah Arendt sagt, der Kern jenes Humanismus, dessen Ursprung ebenfalls bei den Römern zu suchen ist. Auf diese Art eines universalen Gemeinsinnes zu vertrauen, ist offensichtlich ein rationaler Glaubensakt. Er ist notwendig, will man eine Monumentalgeschichte für freie Menschen schreiben. Hannah Arendt lässt ihre spekulative Reise daher ganz bewusst hier enden, bei

Kant. Das garantierte die Vernünftigkeit ihrer Unternehmung und verlieh ihr eine große und stille Würde.

(1977)

Hannah Arendt als Paria

Hannah Arendt wollte, in Emersons Sinn dieses Ausdrucks, eine »repräsentative« Frau sein,[1] und sie war es wohl auch: Ein Mensch, der den Geist seines Volkes sowohl verkörpert als auch der ganzen Welt kundtut. Um die deutschen Juden zu repräsentieren, musste sie weder besonders gut oder bewundernswürdig noch typisch sein, sondern vielmehr die wortgewaltige Verkörperung ihrer Hoffnungen, ihres allgemeinen Charakters und, in ihrem Fall, auch ihres Endes. Sie bereitete sich auf diese Aufgabe tatsächlich ausgezeichnet vor, denn bereits bevor sie Deutschland verlassen musste, begann sie, die Biografie der Rahel Varnhagen, geborene Levin, zu schreiben, und war mehr als zwanzig Jahre damit beschäftigt, dieses Lieblingsbuch unter ihren eigenen Werken zu redigieren.[2] Rahel gehörte zur ersten Generation emanzipierter preußischer Juden und wurde, all die Zweideutigkeiten und Beschwernisse ihrer Situation durchlebend, von ihren christlichen Freunden zuerst gefeiert und später geschnitten. Arendt identifizierte sich zutiefst mit Rahel, als die von ihnen geteilte Welt zu einem Ende kam, aber ebenso kritisierte sie ihre moralische Feigheit und ihre fieberhaft vollzogene Assimilation, die, als sie Karl August Varnhagen heiratete, in einer christlichen Taufe endete. Es war, als wollte Arendt sich selbst die Warnung vorhalten, nicht in jüdischen Selbsthass zu verfallen. Heinrich Heine rettete Rahel schließlich aus diesem Verderben, so wie Arendt sich selbst zu retten lernte. Es ist charakteristisch für Arendt, dass sie, angefangen bei diesem ersten Blick auf ihre Situation, die deutschen Juden für viele ihrer eigenen Schwierigkeiten selbst verantwortlich machte. In diesem harschen Urteil steckte ein gehöriges Maß an Stolz. Es war die bewusste Ablehnung, das passive, bedauernswerte Opfer zu spielen. Als Ausdruck politischer Strenge und eines andauernden Hasses auf das Mitleid geschah das ganz im Rahmen preußischer Sitten, es sollte aber überdies die deutschen Juden davon abhalten, sich selbst als hilflose Figuren in einem fremden Spiel zu betrachten, ohne Achtung vor sich selbst oder anderen. Arendt kam auf dieses Motiv wieder und wieder zurück, oft zu ihrem eigenen Schaden oder zum Schaden anderer.

Auch war es ihre Schrift über Rahel, in der Arendt dazu gelangte, die deutschen Juden in zwei Typen zu unterteilen, »Parvenüs« und »Parias«, und erneut blieb sie für den Rest ihres Lebens bei dieser Auffassung. Parias sind Verfemte, die einen übersteigerten Sinn für persönliche Ehre und für ihren Status als Fremde entwickeln. Sie lassen sich nicht dazu herab, vor der feindlich gesinnten Mehrheit zu kriechen. Das ist, meinte Arendt, was Rahel von Anfang an hätte tun sollen. Stattdessen war sie, sogar schon vor ihrer Heirat, lange Jahre ein Parvenü, der versuchte, von der nichtjüdischen Gesellschaft akzeptiert zu werden – und das bedeutete, ein »Ausnahmejude« zu werden,[3] jener sprichwörtliche ›beste Freund‹ eines jeden Antisemiten. Dass die Wahl auf das Wort »Parvenü« fiel, um dieses entwürdigende Verhalten zu beschreiben, ist nicht unbedeutend. Es ist *das* klassische Wort des Snobs, das die Aristokraten dem *bourgeois gentilhomme*, der zu ihnen aufzuschließen versucht, und die durch Erbschaft Wohlhabenden den *nouveaux riches* entgegenschleudern. Der Parvenü ist eine allgemein verhöhnte und verachtete Figur. Dass sie gerade dieses Wort für assimilierte Juden verwandte, sagt uns einiges über Arendt. Der Paria ist sich seiner Überlegenheit so sicher, dass er nicht länger wünscht,

Anstrengungen zu unternehmen, um sich der größeren Gesellschaft anzuschließen. Er hat sich die Haltung der Oberschicht in der Tat so vollständig zu eigen gemacht, dass für ihn kein Grund mehr besteht, sich aus seiner wirklichen Lage zu erheben. Wer hat denn eine längere Geschichte als das ›Volk des Buches‹? Dennoch ist es erstaunlich, die Assimilation nicht bloß als falsch oder töricht, sondern als vulgär verdammt zu sehen. Dass sie nutzlos war, wusste auf vielerlei Weise selbst Rahel, der, endlich Paria, nichts weiter blieb als ihre Liebe zur deutschen Literatur – wie auch Arendt nur ihre außergewöhnliche deutsche *Bildung** retten konnte, als sie 1933 aus ihrem Land vertrieben wurde.

Arendt wurde in Königsberg in eine komplizierte jüdische Gemeinde geboren. Es gab dort orthodoxe Juden und solche, die nicht glaubten und radikale politische Ideen hegten, wie Arendts Eltern. Es gab Juden, die von sich selbst als deutsche Bürger hebräischen Glaubens dachten und es gab Zionisten. Es gab Juden, die erst kürzlich aus Osteuropa in die Stadt gekommen waren und andere, die dort seit über hundert Jahren lebten. Es gab getaufte Juden und Juden, die auf ihr Judentum bestanden. Mit der Ausnahme von Frömmigkeit kam Arendt mit allen diesen Erscheinungen zu verschiedenen Zeiten in Berührung. In Königsberg gab es wenig offenen Antisemitismus, aber die Jüdischgeborenen kannten ihn und es war Arendts Mutter, die besonderen Wert darauf legte, keine abschätzigen Bemerkungen zu dulden. Arendt dachte ganz offenkundig, dass weder sie noch ihre Eltern assimilierte Juden seien. Damit schien sie gemeint zu haben, dass sie keine Absicht hatten, sich taufen zu lassen, und dass sie ihr Judentum offen bekundeten. Dies war nicht weniger als ihre persönliche *Pflicht**, wie man sagen muss, denn diese hatte stärkstes Gewicht, besonders in Preußen. An osteuropäischen und selbst amerikanischen Standards gemessen war Arendt natürlich völlig assimiliert, eine Ansicht, die sie stets als unverständlich betrachtete. Und zwar aus dem Grund, dass sie an der grotesken Vorstellung festhielt, Jüdischsein sei ein Akt persönlichen Widerstands und keine Frage des aktiven Aufrechterhaltens einer kulturellen und religiösen Tradition mit eigenen Riten und Sprachmustern.

Arendt erhielt keinerlei jüdische Erziehung, aber was sie erhielt, war *Bildung**, und davon die beste – Gymnasium, Tutoren und schließlich eine glänzende Universitätskarriere, die in einer Doktorarbeit über Augustinus gipfelte. Bis dahin hatte sie alles gelernt: Griechisch,

Latein, Philosophie, Literatur in jeder Form, und in diese Bildung war sie so völlig versunken, dass sie für sie und ihresgleichen ein Teil des natürlichen Selbst war. Zu diesem Zeitpunkt wurde sie auch zu einer glühenden Zionistin und der Zionismus hatte seit Herzls Tagen diejenigen assimilierten Juden fasziniert, die wollten, dass Israel eine Nation sei wie alle anderen auch. Für ihren Mentor Kurt Blumenfeld und sie war der Zionismus auch die Lösung der ›Judenfrage‹, wie man den Zustrom unwillkommener *Ostjuden** damals noch nannte. Der Zionismus sollte die Juden zu einem einzigen Volk machen, besonders durch die Ansiedlung der osteuropäischen Juden in der Region, die heute Israel ist. Ab 1933 bestand dann keine Wahl mehr. Der Zionismus war nun eine Notwendigkeit, nicht mehr eine Möglichkeit unter anderen.

Die Einzelheiten des Lebens von Hannah Arendt sind zu finden in der Biografie *Hannah Arendt. Leben, Werk und Zeit* von Elisabeth Young-Bruehl,[4] die nicht einmal zehn Jahre nach Arendts Tod erschienen ist. Young-Bruehl hat Arendt nicht nur in lebhafter Erinnerung, sondern konnte auch mit vielen von Arendts ältesten Freunden sprechen; gerade noch rechtzeitig, denn viele sind seit diesen Interviews gestorben. Diese Menschen teilten ihre Erinnerungen und Briefe freigiebig, wie es scheint, und das Ergebnis ist eine reiche und detaillierte Biografie, mit all den Stärken und Schwächen von Memoiren, die solchen von bewundernden Freunden geschriebenen eigen sind. Der Nachteil der Eile ist, dass einige wichtige Dokumente und Korrespondenzen noch nicht zur Verfügung stehen und dass Arendt zu einem gewissen Grade unmittelbar und mittelbar durch ihre Freunde in der Lage war, auszuwählen, was enthüllt werden würde und was nicht. Darum gibt es einige Auslassungen und manche Details bleiben unvollständig. Auch hat das Buch seine Längen. Trotzdem wird jeder, der in der Zukunft eine andere Lebensgeschichte Hannah Arendts oder die Geschichte der letzten Generation deutscher Juden schreiben wollte, dankbar auf diesen Band zurückgreifen.

Young-Bruehl erzählt den ersten Teil von Arendts Geschichte ausnehmend gut. Sie hätte ein wenig mehr über die Belastungen des Ersten Weltkriegs schreiben können, die Arendt und ihre verwitwete Mutter sehr schwer trafen. Wir wissen aus den *Elementen und Ursprüngen totaler Herrschaft*, dass sich Arendt der moralischen und kulturellen Verrohung, die dem Krieg folgte, bewusst war. Die Universitäten versanken in einem moralischen Chaos, es gab keinen Respekt vor Gelehrsamkeit mehr und die Veteranen waren bitter und zynisch. Die Besten begannen sich zu fragen, warum all diese jungen Männer auf den Schlachtfeldern Flanderns lagen; warum hatten sie sich nicht widersetzt? Die Erinnerungen an diese Jahre blieben ihr für den Rest ihres Lebens im Gedächtnis, auf einer ganz anderen Ebene ähnlich der Beschäftigung mit dem Tod, der Leere, der Abwesenheit aller Standards und Wirklichkeiten, kurz der Bedingtheit durch das ›Nichts‹.

Wer könnte bezweifeln, dass Martin Heideggers *Sein und Zeit* als eine lange Meditation über die Stimmungen, Erfahrungen und Einschüchterungen dieses in die Länge gezogenen Schreckens gelesen werden muss? Als Arendt schließlich das Bündnis aus »dem Mob« und der sozial herabgesunkenen »Elite« beschrieb,[5] zeichnete sie Heideggers Porträt, denn nicht nur war er der NSDAP beigetreten, er hatte es überdies aus lang gehegtem Abscheu vor der nur scheinbar soliden Welt des Bürgertums und seiner Heucheleien getan, die das Leiden der Soldaten hinter sentimentalem Geschwätz versteckten. Dass er nicht nur ein Mitglied der Elite, sondern ein Genie und dazu noch ihr geliebter und bewunderter Lehrer war, machte diesen Verrat nicht leichter zu ertragen. Sie sah allerdings sehr deutlich, dass der Ursprung von Heideggers Verhalten im Schützengraben zu suchen war, und das Schlechteste, was sie über *Sein und Zeit* je zu sagen hatte, war, dass es egoistisch sei.[6] Am Ende fiel es ihr leicht, Heidegger zu vergeben. Sie hatte den ihn umgebenden Kult immer durchschaut und wusste nur zu gut, dass keiner seiner Verehrer eigentlich verstand, was er sagte. Das ist, nebenbei bemerkt, in der florierenden Heidegger-Industrie noch immer der Fall. Arendt aber verstand ihn nicht nur, sie stand und blieb unter seinem philosophischen Bann.

Philosophie war für beide ein Akt der Dramatisierung durch Wortspiele, textuelle Assoziationen, Versatzstücke von Dichtung und anderen aus ihren unmittelbaren Erfahrungen stammenden Formulierungen. Dies war ein »leidenschaftliches Denken«.[7] In dieser postnietzscheanischen Tätigkeit wird gar nicht erst der Anschein erweckt, es handle sich um ein Streben nach Wahrheit oder irgendein anderes Ziel. Dieses Denken ist sich selbst Zweck und Entgelt genug und Außenstehenden erscheint es oft als nur wahlloses Reagieren. Nur jene, die ihre Bildung und Kultiviertheit teilten, konnten das Spiel entziffern, seine Mythen und vielen Wortspiele. Leidenschaftliches Denken ist überdies völlig willkürlich. Es gibt nichts, dass weiter von sowohl angloamerikanischer

Philosophie als auch traditionell kontinentalem Idealismus entfernt gewesen wäre.

Diese philosophischen Gepflogenheiten kamen Arendts politischen Erfahrungen nach dem Aufstieg Hitlers sehr zupass. Sie behielt sie bei, als sie von Heidegger fortging und sich andere Lehrer suchte, etwa Karl Jaspers. Inzwischen gab es nur noch eine Form der Politik: Widerstand, zunächst gegen den Faschismus und dann gegen alle Autoritäten, selbst in Paris. Denn die Lage der Flüchtlinge dort war ein ewiger ›Catch 22‹: keine Arbeit ohne Arbeitserlaubnis und keine Arbeitserlaubnis ohne Arbeit. Arendt fand Anstellung bei einigen jüdischen Organen und arbeitete vor allem für die Jugend-Aliyah. Sie versuchte sogar kurz, Hebräisch zu lernen – »Ich will mein Volk kennenlernen«,[8] sagte sie –, aber sie kam damit nicht sehr weit. Sie sprach auch kein Jiddisch. Allerdings lernte sie dank ihrer beiden Ehemänner viele Kommunisten kennen. Spuren von Marx'scher Klassenanalyse blieben festes Inventar ihrer Schriften, was wenig erstaunt, war doch ein Hass auf Philistertum und Bourgeoisie Teil ihrer *Bildung** gewesen. In der Tat war Marx einer der wenigen Philosophen gewesen, von denen Heidegger mit einigem Respekt sprach. Jedenfalls kann ein Revolutionär kein Parvenü sein und in der Tat erhielt sich Arendt einen dauerhaften Glauben an die bürgerschaftlichen Tugenden der ›echten‹ Arbeiterklasse im Gegensatz zum ›Mob‹. Das war eines ihrer vielen ahistorischen Hirngespinste.

Als sie in Amerika eintraf, verlief ihr Flüchtlingsleben unter neuen Bedingungen weiter. Es gelang ihr, sich mit Arbeiten für verschiedenste jüdische Organe, Zeitungen und Verlage durchzuschlagen, und sie blieb weiterhin involviert in zionistischer Politik. Ich bin nach der Lektüre von Young-Bruehl nicht sicher, ob ich weiß, welche Position sie genau vertrat, aber sie stand ohne Zweifel im Widerspruch zu allen Lagern der amerikanischen zionistischen Bewegung. Von Anfang an hat man den Eindruck, dass der Pariastatus es von ihr verlangte, sich von allen Organisationen des ›Establishments‹ fernzuhalten, selbst wenn diese jüdisch waren. Schließlich schloss sie sich der Partei Judah Magnes' an, die auf einen föderalen, binationalen Staat in Palästina hoffte. Es war aber stets von allerhöchster Wichtigkeit für sie, dass die Juden ein europäisches Volk bleiben und Israel sowohl aus dort geborenen Juden und Juden der Diaspora bestehen sollte. Sie beteiligte sich auch an den typischeren Spielarten von Emigrantenpolitik, darunter vor allem eine Auseinandersetzung mit dem unsäglichen

Theodor W. Adorno über die Verfügung der Manuskripte, die Walter Benjamin ihr anvertraut hatte, bevor er Selbstmord beging.

Es müsste einmal eine Studie über Emigrantenpolitik geschrieben werden, angefangen bei den amerikanischen Tory-Exilanten in London nach der Revolution. Diese Politik ist so grässlich, weil sie aus nichts als gegenseitigen Anschuldigungen besteht. Das Leben der Emigranten ist immer gleich: Es gibt niemanden, der zu überzeugen, keine Gefolgschaft, die zu organisieren, und keine Ämter, die anzustreben, oder Maßnahmen, die zu ergreifen wären. Es gibt keine Zukunft, nur eine Vergangenheit. Der eigene Charakter wird durch das Exil nicht besser. Es ist ein völlig verzweifelter Zustand. Wir wissen aus der Geschichte der amerikanischen Immigration des neunzehnten Jahrhunderts, dass die Leiden der Neuankömmlinge schrecklich waren. Ihr Unglück entstammte weniger der materiellen Not – wenige hatten je Komfort gekannt – als dem Heimweh und der Einsamkeit. Die deutschen Juden in New York in den Dreißiger- und Vierzigerjahren waren in der Lage, aus ihren Mitexilanten kleine »Stämme« zu bilden,[9] wie Arendt ihre alten Freunde nannte, und waren daher nicht isoliert. Nur ihr Heimweh, das durch die Sorge um die Freunde, die nicht herauskonnten, verschlimmert wurde, war erdrückend. Das ist etwas, das man erfahren haben muss, um es zu verstehen.

Heimatlosigkeit hat aber politische Dimensionen und einer von Arendts besten frühen Essays handelte von der Staatenlosigkeit. Sie brachte, auf ihren eigenen Erfahrungen und denen anderer Flüchtlinge in Frankreich aufbauend, das Argument vor, dass in einer Welt aus Nationalstaaten Menschenrechte keine Bedeutung haben und dass nur Staatsbürgerschaft etwas gilt.[10] Das einzig fundamentale Recht des Menschen ist daher das Recht, legaler Bürger eines Staates zu sein. Ohne dies ist alles andere unmöglich. Darin verbirgt sich allerdings kein Ruf nach organischer Gemeinschaft oder Nationalität, sondern nach einer Staatsbürgerschaft, die einen rechtlichen und politischen Anspruch darstellt, statt ein Zufall der Geburt zu sein. Diese Unterscheidung ist theoretisch sehr wichtig, war aber auch einer ihrer blinden Flecken. Als sie schließlich *Elemente und Ursprünge totaler Herrschaft* schrieb, hatte sie sich davon überzeugt, dass der Nationalismus der Vergangenheit angehöre – es sei aus und vorbei mit ihm und man solle ihn nicht mit den lebenden Ideologien der Zeit vergleichen. Diese Ansicht, verstärkt durch ihre marxistischen Neigungen, war immun gegen alle Widerlegungen; nichts vermochte sie davon zu überzeugen, dass der Nationalismus in der Gegenwart noch immer über große Macht gebot. In diesem Punkt spreche ich aus persönlicher Erfahrung. Wenn Hannah Arendt falschlag, wie Erich Heller, einer ihrer Freunde, bemerkte, dann »explodierte sie förmlich in den Irrtum hinein«.[11]

Young-Bruehl teilt uns mit, dass es Arendt schwerfiel, das Buch zu organisieren, das sie berühmt machen sollte, und in der Tat besteht *Elemente und Ursprünge totaler Herrschaft* aus drei separaten Teilen. Auch trägt das Buch [im Original: *Origins of Totalitarianism*] einen irreführenden Titel, da ›Ursprünge‹ [*Origins*] eine historische Darstellung sozialer Veränderungen von ihren ersten Anfängen nahelegt. Allerdings ist Young-Bruehl, wie auch die meisten Interpreten, verwirrt von Arendts Geschichtsauffassung. Und zwar zu Recht. Arendt zeigte niemals einen Hauch von Respekt für Historiker. Sie nannte die Erben Rankes ihres Strebens nach Objektivität wegen »eunuchenhaft«.[12] Die Darstellung der Vergangenheit mittels einer chronologischen Anordnung aller verfügbaren Zeugnisse erschien ihr trivial. Sie hatte kein Interesse daran, Schritt für Schritt zu zeigen, wie etwas entstanden war. Was ihr wertvoll erschien, war, »sich aufmerksam und unvoreingenommen der Wirklichkeit, was immer sie ist oder war, zu stellen und entgegenzustellen«,[13] was Heideggers Antwort auf *Geschichtlichkeit** war. Mit Versatzstücken aus Geschichte, Literatur, Biografie und einer Menge persönlicher Einbildungskraft und Spekulation machte sie sich daran, und brachte es auch in der Tat zustande, einen alleserklärenden Sinn für die Welt der Antisemiten und Juden sowie der Imperialisten und ihrer Opfer zu schaffen. Das ist eine wirklich nietzscheanische Geschichtsschreibung, die nicht als Frömmigkeit, politischer Rat oder Wissenschaft verstanden werden darf, sondern im Dienste der gesellschaftlichen Einbildungskraft, wenn nicht »des Lebens« stehen soll.

Der letzte Teil von *Elemente und Ursprünge* ist keine Darstellung dessen, was in den Konzentrationslagern der Nazis und Sowjets wirklich passiert ist – dazu muss man es nur mit einem beliebigen anderen verlässlichen Geschichtswerk zu diesem Thema vergleichen. Was Arendt anbietet, ist etwas durchaus anderes – eine Illustration der postnietzscheanischen Welt des ›Nichts‹. Die Lager sind die ausweglosen Stätten des Terrors, in denen nichts Gewöhnliches verbleibt. Sie sind eine verdrehte Wirklichkeit. Außenstehenden mag diese Welt wahnsinnig erscheinen oder wie die

Hölle in Giottos *Jüngstem Gericht*, aber das greift zu kurz. Die Welt des Lagers, »innen«, beweist, »daß die Macht des Menschen größer ist«, als sich der normale Spießbürger eingestehen will.[14] In Wirklichkeit gebe es nichts als die Macht des Menschen. Wir schüfen unsere eigene erkennbare Welt und jeden Maßstab in ihr. Denn Gott herrsche über gar nichts. Diese Welt erschaffe sich überdies wieder neu, denn in ihr sei alles überflüssig und ein allmächtiger Mensch schaffe Überflüssigkeiten, um sie ein ums andere Mal zu verwerfen und zu wiederholen. Der Hölle drohten die Vorräte nicht auszugehen. Diese Umkehrung aller Werte zu verstehen, sei der gesunde Menschenverstand nicht fähig und der Utilitarismus stehe ihrer Erkenntnis im Weg. Das ist nicht allein Dantes *Hölle* ohne Gott, es ist auch ein Echo Zarathustras, der bereits von den Menschen als Kieseln gesprochen hatte, die zur Seite getreten werden sollen – nur sei heute auf keinen Übermenschen mehr zu hoffen.[15] Denn die Welt des Terrors, die der allmächtige Mensch erschaffen hat, sei auch eine Welt der Notwendigkeiten, »ehener« Naturgesetze und der Geschichte mit ihrer eigenen »eiskalten Logik«.[16] Die Ideologie sei verantwortlich für diese Leere in Abwesenheit des ›Seins‹ und erhalte sie. Dieses Bild unserer Verwirrung bietet sich, wenn wir gezwungen sind, unsere Vorstellung von Wahrheit und unsere Suchen nach ihr aufzugeben. Das ist in der Tat ›Geschichte‹ als das Sichstellen und Ablehnen der Wirklichkeit. Für Arendt war die Welt des Totalitarismus ein philosophischer Albtraum, ihr Ausdruck war die Wirklichkeit der Lager.

War der letzte Abschnitt der *Elemente und Ursprünge* eine Übung in postnietzscheanischem Philosophieren, leistete das Buch auch einen ernsthaften Beitrag zur politischen Theorie in der Tradition Montesquieus und Tocquevilles. Arendts Analyse des Totalitarismus als neuer und einzigartiger Herrschaftsform war eine wirkliche Bereicherung in der Theorie der Regimetypen. Die Bedeutung überflüssiger Bevölkerungen trägt ebenfalls viel zur Erklärung von Genoziden bei. Man denke nur an die amerikanischen Ureinwohner. Überflüssige Völker waren für Arendt sowohl eine surreale Vision und eine absolut direkte historische Erklärung einiger Episoden des Imperialismus. Man sollte schließlich noch darauf hinweisen, dass sie, auch wenn sie auf die tiefe Kluft bestand, die totalitäre von autoritären Regimes schied, die gegenwärtige Verwendung dieser Unterscheidung missbilligt hätte. Ihr Werk zu einer ideologischen Waffe beliebiger Art verwandelt zu sehen, hätte sie vermutlich sehr bestürzt, vor allem aber ihre Verwendung gegen die Unterstützung der Menschenrechte im Ausland. Ihre eigene Karriere als kalte Kriegerin fand in den Sechzigerjahren ihr Ende. Sie war stets eine erbitterte Feindin der Sowjets, wusste sie doch seit den Moskauer Prozessen um die Natur dieses Regimes, aber sie konnte die meisten Ex- oder Antikommunisten nicht ausstehen. Nur jene deutschen *ehemaligen* Kommunisten, wie etwa ihr Ehemann, der die Partei sehr früh verlassen hatte, nötigten ihr Respekt ab, wie Young-Bruehl sorgfältig darlegt.[17]

Von allen seinen Teilen war der Abschnitt über die Theorie der Massengesellschaft der am wenigsten originelle, oberflächlichste und populärste der *Elemente und Ursprünge.* In seiner klassischen Darstellung war er schon in Emil Lederers *Massenstaat* erschienen,[18] in dessen offensichtlicher Schuld zu stehen Arendt anzuerkennen sich weigerte. In der postmarxistischen spekulativen Soziologie bedeutete das ausbleibende Aufbäumen des Proletariats und der Erfolg des Faschismus, dass die Klassengesellschaft tot und von einer unterschiedslosen ›Masse‹ ersetzt worden war, die leicht durch Hassideologien, Propaganda und Terror zusammengehalten werde. Die Nichtgesellschaft dieser desorientierten Individuen war der unausweichliche Nachfolger der Klassengesellschaft, wie Marx sie gesehen hatte. Es gab zahllose amerikanische Ableger dieser Haltung. Die Konsumgesellschaft, der McCarthyismus, der Konformismus der Mittelschicht und selbst die populistische Tradition amerikanischer Politik wurden in diese in ihrem Kern marxistische Vision gezwängt. Denn niemand konnte etwas Gutes zugunsten der Mittelschicht vorbringen. Die Massentheorie wurde bestenfalls zu einer eher plumpen Waffe in den Händen verschiedener hiesiger altlinker Radikaler, die Amerika noch ein letztes Mal eins auswischen wollten. Was aber *Elemente und Ursprünge* angeht – es bleibt über alle Maßen interessant und wird mit Sicherheit zu einem vorrangigen Dokument für die Geistesgeschichte der Mitte des zwanzigsten Jahrhunderts werden.

Arendts nächstes Buch war das erste nichtjüdische und die deutscheste ihrer amerikanischen Schriften. Ab Mitte der Fünfzigerjahre hatte ihre *Bildung** sich wieder ihr Recht verschafft. Arendt hatte ihr Griechisch aufpoliert und die noch erhaltenen Reste ihrer deutschen Vergangenheit aufgenommen, Heidegger eingeschlossen. Sie schrieb ihrem Mann, ihr erster Besuch 1949 bei Karl Jaspers in Basel sei gewesen, »wie man nach Hause kommt«.[19] Von da an kehrte sie oft nach Deutschland zurück. Wieder zurück »zu Hause« zu sein, blätterte einige nicht unerwartete intellektuelle und emotionale Schichten auf. Es ganz mit den ältesten Traditionen und den reinsten Idealen deutscher Bildung haltend, huldigte sie dem antiken Griechenland. Niemand litt je an einem schlimmeren Fall von Hellasverehrung als Arendt. Die leidenschaftliche Sehnsucht nach dieser verlorenen Kultur war die tiefste Triebkraft der romantischen Lyrik und jener Suche nach ›geistiger‹ Befreiung, zumal in einer so unfreien Gesellschaft wie dem Deutschland eines Schiller, Humboldt und – Liebling Heideggers – Hölderlin. Über diesen Klassizismus hinaus schien sie sich in diesen Jahren noch zum Katholizismus hingezogen gefühlt zu haben. Vielleicht war es ein wirklicher Kampf für sie, ungetauft oder ein Paria zu bleiben. Oft war sie in der Gesellschaft ihres alten katholischen Freundes Waldemar Gurian, einem liberalen, getauften Juden, der einige Jahre in der neothomistischen Atmosphäre der University of Chicago gelehrt und eine Vielzahl ihrer Essays in der Zeitschrift *Commonweal* und dem *Review of Politics* der University of Notre Dame veröffentlicht hatte. Man wüsste über ihre Verbindungen in Chicago gern mehr als Young-Bruehl uns erzählt.

In jedem Fall wissen wir, dass sie ihre erste Einführung in die Philosophie vom katholischen Theologen Romano Guardini erhielt und dass sie viele Seminare über christliche Theologie besuchte, immer darauf bedacht, dafür zu sorgen, dass es keine antisemitischen Bemerkungen gab. Ihre Doktorarbeit behandelte Augustinus' Begriff der Nächstenliebe aus philosophischem, nicht theologischem Blickwinkel.[20] Es war trotz allem eine Studie über einen christlichen Denker, der Liebe als einen Ausdruck der Beziehung zwischen Mensch und Gott verstand. In der *Vita activa* erscheint die mittelalterliche Kirche als die große Bewahrerin antiker Werte und Jesus als einer der großen Heroen des ›tätigen‹ Lebens.[21] Schließlich schrieb sie einen süßlichen und sentimentalen Essay über Papst Johannes XXII., den »christlichen Papst«.[22] Dies alles, zusammen mit den Themen der *Vita activa* und einigen ihrer anderen Essays, mag zu ihrer Distanz vom wirklich Leben amerikanischer Juden (inmitten Manhattans!) beigetragen haben. Distanz ist vielleicht noch ein zu schwaches Wort, denn *Eichmann in Jerusalem* ist in einem kulturellen Vakuum angesiedelt.

Die *Vita activa* wird wohl Arendts am meisten bewundertes Buch bleiben. Es orientiert sich stark an Hegels *Phänomenologie* und schuldet in seinen wesentlichen Argumenten viel seinen *Vorlesungen über die Geschichte der Philosophie.* Diese Schuld wird stillschweigend übergangen und Hegel nur als Vorläufer der Marx'schen Geschichtsphilosophie dargestellt, eine Unternehmung, die von der politischen Philosophie nach Arendts Dafürhalten aufgegeben werden sollte, auch wenn die *Vita activa* in Wirklichkeit selbst zu diesem Genre zählt. Sie trägt ihr Argument in einem Kontrast zwischen ›damals‹ und ›heute‹ vor, dem Alten gegen das Neue. Im griechischen Denken und Handeln sei die Arbeit, die natürliche Überlebensanstrengung des Menschen, verachtet worden. Das Herstellen, die Schaffung künstlicher Dinge aus der Natur, und das Handeln, der Bereich menschlichen Austausches und der Geschichte, seien von der Arbeit getrennt und auf eine höhere Ebene gestellt gewesen. An der Spitze der moralischen Hierarchie habe die Kontemplation als höchstes Ziel des Menschen gestanden. Diese Ansicht sei von christlichen Theologen und Philosophen übernommen worden, auch wenn ihre Verachtung gegen die Welt stärker gewesen sei. Diese Hierarchie trenne ebenfalls die niedere ›private‹ Sphäre des arbeitsamen Haushalts von der ›öffentlichen‹ Sphäre, in der die menschliche Tätigkeit stattgefunden habe.

Auch das ›Herstellen‹ und das ›Handeln‹ seien, anders als heute, voneinander getrennt gehalten worden. Der ›neuzeitliche Mensch‹ habe nun all dies mit katastrophalen Folgen auf den Kopf gestellt. Gesellschaftliches Leben ›herzustellen‹ bedeute, Utopien zu fabrizieren. Vor allem habe die Würde der Arbeit das Handeln entwertet, sodass das Privatleben nun die Sphäre des Öffentlichen fast ausradiert und den öffentlichen Menschen zum Schweigen gebracht habe. Nur Künstler schüfen noch und nur Wissenschaftler handelten in der heutigen Welt. Die Aufgabe politischer Theorie sei heute daher nicht, zum alten Primat der Kontemplation zurückzukehren, sondern das Handeln in seine Schranken zu verweisen, sodass das öffentliche Leben über der privaten Arbeit stehe.

Es ist kaum überraschend, dass Heidegger das Buch hasste.[23] In ihm hatte Arendt ausdrücklich seinen ›Nihilismus‹ zurückgewiesen und insbesondere seiner Suche nach einem vorsokratischen und auch radikal antichristlichen Grund für das Denken. Es ist keineswegs bedeutungslos, dass Heidegger ein ganz vom Glauben abgefallener Katholik war. Nicht nur schien sich Arendt hier, vom Vorrang der Dichtung abzuwenden und der Notwendigkeit, neue Mythen zu ersinnen, sie hatte auch eine philosophische Tradition wiederaufgenommen, die Heidegger schon lange für bankrott erklärt hatte. Und wirklich begann Arendt, nachdem sie die *Vita activa* abgeschlossen hatte, die Haltung ihres anderen Lehrers, Karl Jaspers, anzunehmen und wandte sich mit der Zeit Kant und, in ihren späteren politischen Reflexionen, besonders der *Kritik der Urteilskraft* als Leitfaden zu.

Arendts eigener politischer Traum blieb an die Polis gebunden. Allem zum Trotz, was uns Aristoteles berichtet, sprach sie nie deutlich aus, was in diesem gesegneten ›öffentlichen Raum‹ eigentlich geschah. In der Tat wissen wir, dass es heftige Kämpfe zwischen Arm und Reich gab, und darum, wer und auf welche Weise den nächsten Krieg mit anderen Poleis führen sollte. Diese unangenehmen Tatsachen werden von den Fürsprechern der partizipativen Demokratie, die zu ihren Anhängern wurden, selten erwähnt. Sie selbst neigte eher zu einem Anarchismus Kropotkin'scher Prägung, für den der polisartige Kibbuz, die primitiven Sowjets und die Arbeiterräte des ungarischen Aufstands als historische Illustrationen herhielten. Aber sie schätzte auch die amerikanische Demokratie, obwohl man nicht gerade behaupten kann, dass Arendt sie sonderlich verstand. Sie war unter anderem dafür anfällig, nahende Katastrophen zu prophezeien. Wann immer etwas Bedauerliches geschah, meinte sie, das Ende der Republik stehe bevor. (Man vergisst Weimar eben nicht so einfach.) Ihre Bewunderung für die Männer von 1787 war ebenfalls übertrieben, weil sie von ihnen am Ende wie von Mustern bürgerlicher Tugenden dachte, Wiedergängern Catos. In diesem Licht sah sie vor allem John Adams, der sowohl ›die Vielen‹ als auch ›die Wenigen‹ fürchtete, ›die Masse‹ und ›die Elite‹. Selbst Jefferson konnte ihren Anforderungen genügen, weil er unsere Politik auf der lokalen Ebene halten wollte. All das kommt in *Über die Revolution* zum Vorschein, in dem die Amerikanische mit der Französischen sehr zum Nachteil für Letztere verglichen wird. Wie Mandeville und viele andere Liberale des achtzehnten Jahrhunderts entdeckte Arendt, dass Mitleid in der Politik fehl am Platze sei und das ›Elend‹ zu beheben die Grenzen des ›Öffentlichen‹ ins ›Private‹ übertreten heiße, was, wie sie meinte, die Jakobiner vom rechten Weg abgebracht habe.

Das einzig wirklich Interessante an diesem blamablen Buch ist, dass es eine neue Auflage von Friedrich von Gentz' Vergleich der beiden Revolutionen ist.[24] Arendt hatte einen Essay über ihn verfasst, bevor sie Deutschland verließ,[25] und zeichnete in ihrem Rahel-Buch ein sehr unvorteilhaftes Porträt von ihm.[26] Er war einer jener dumpfen Leute, die die arme Rahel betrogen hatten. Sollte dies Arendts Rache gewesen sein, ist sie bedauerlich. Arendts spätere Artikel über amerikanische Politik lesen sich wie pflichtschuldige Versuche, eine ›engagierte Intellektuelle‹ zu sein, eine Haltung, die sie, vor allem bei den Franzosen, sehr bewunderte. Ihre besten Essays waren wunderbare Biografien, meist von Frauen, besonders Rosa Luxemburg und Isak Dinesen.[27]

Viele Autoren lieben Prozessberichterstattungen und sie scheint die besten Romanschriftsteller zu inspirieren. In unserer Zeit sind Rebecca West und Sybille Bedford herausragende Gerichtsreporterinnen gewesen.[28] Und so entschloss sich Arendt, dass auch sie über einen Prozess schreiben wollte – den Eichmanns. Sie wollte sich einen Nazimörder einmal ganz genau aus der Nähe ansehen und sie hatte vor, einige der großen Rätsel zu erörtern, die die Prozesse von Kriegsverbrechern mit sich bringen, was sie auch tat. Wie sollte man Verantwortung zuschreiben für Taten, die von bürokratischen Agenten nicht auf ihr eigenes Bestreben hin, sondern als Mitglieder von Regierungsorganisationen verübt worden waren? Wer kann solchen Personen den Prozess machen? Das sind in der gegenwärtigen politischen

Theorie kaum nebensächliche Fragen. Arendt hatte über sie in *Eichmann in Jerusalem* wenig Neues zu sagen, wo sie epigonal und amateurhaft diskutiert wurden. Rechtstheorie zählte nicht zu ihren Stärken. Was die Banalität des Bösen von Eichmann angeht, so war sie in Wirklichkeit nur die Wiederholung eines Punktes, den Arendt und viele andere schon früher über das Naziregime gemacht hatten: dass ein völliges Missverhältnis zwischen seinen Ursachen und seinen Wirkungen bestand. Sich die Angeklagten in Nürnberg anzusehen und das Europa, in dem ihnen der Prozess gemacht wurde, konnte einem ein sehr viel lebendigeres Gefühl vom Abstand zwischen ihnen und dem vermitteln, was sie angerichtet hatten, als es Eichmann in seinem Jerusalemer Glaskasten je hätte geben können.

Was Arendt in *Eichmann in Jerusalem* allerdings tatsächlich tat, war, ihren Status als Paria in einem Ausbruch egozentrischen ›Sich-der-Wirklichkeit-Entgegenstellens‹ zu verfestigen, diesmal ihrem eigenen Volk zum Trotz. Warum, fragte sie, hatten die osteuropäischen Juden sich nicht wie homerische Helden verhalten? Warum hatten sie den Deutschen nicht mutiger Widerstand geleistet? Warum hatten sie zu ihrer eigenen Vernichtung beigetragen? Warum hatten sie uns keinen heldenhafteren

Mythos hinterlassen? All das, obwohl sie nur zu genau wusste, dass die Ostjuden, die den Deutschen kleinere Schwierigkeiten bereitet haben mögen, ihr Los nie hätten abwenden können. Nur die Alliierten konnten sie retten. Man musste gebildet sein, reich oder zumindest über Verbindungen verfügen wie Arendt (und meine Eltern),[29] um Europa überhaupt verlassen zu können. Nur ein Bruchteil der ›Elite‹ – und kein sehr großer – konnte sich erhoffen, zu gegebener Zeit aus Osteuropa fliehen zu können. Für eine dieser glücklichen Wenigen im Komfort New Yorks und in den von Anzeigen für Luxusgüter gespickten Seiten des *New Yorker* solche ›Fragen‹ zu stellen, war empörend. Die Artikel demonstrierten überdies eine unerhörte Ignoranz. Arendt stellte wilde Verallgemeinerungen über die unendlich komplexen und durchmischten Gemeinden Osteuropas an, über deren Geschichte und Struktur sie rein gar nichts wusste. Natürlich hatte es in diesen Gesellschaften Klassenkämpfe gegeben, und nach den Qualen der Endlösung flammten sie voller Bitterkeit und Gewalt unter den Überlebenden in Israel wieder auf. Auch diese unterwarf Arendt den Schlichtheiten ihrer Assimilationstheorie. Die endgültige Wahrheit darüber, wer wie in Ungarn handelte und was die verschiedenen Judenräte während der Nazizeit taten und was nicht, werden wir wohl nie erfahren, aber selbst Young-Bruehl ist alles andere als sicher, dass Arendt wusste, wovon sie sprach. Um Wahrheit ging es ihr nicht.

Die Reaktion vieler amerikanischer Juden war vorhersehbar. Dass Arendt sie nicht erwartet hatte und von ihrem Ärger völlig überrascht wurde, zeigt nur, dass die hiesige jüdische Gesellschaft ihr vollkommen fremd war. Genau genommen kannte sie, abgesehen von einigen New Yorker Intellektuellen, überhaupt keine amerikanischen Juden und hatte seit Langem davon Abstand genommen, an zionistischen Organisationen mitzuwirken. Aber in ihrem Buch steckte mehr als Ignoranz und Entfremdung. Es gab keinen besonderen Grund, es an diesem Ort und zu dieser Zeit zu veröffentlichen. Antisemiten wird es, anders als manchmal behauptet, wohl keine große Freude bereitet haben – aber es bereitete Schmerzen und rechtfertigte Zorn. Arendt wollte Ersteres und brauchte sich über Letzteres nicht zu wundern. Bestenfalls könnte man sagen, dass sie konsequent war, denn sie hatte das Jüdischsein stets als die persönliche Akzeptanz einer Tatsache angesehen und nicht als eine gemeinschaftliche Lebensweise. *Eichmann* war jedoch nicht ihr einziges Abrutschen in verständnislose Arroganz. Ihre Besessenheit mit dem Pariastatus hatte sie drei Jahre vor *Eichmann* dazu verführt, jene schwarzen Eltern zu schelten, die ihre Kinder in die zwangsweise integrierten Schulen in Little Rock geschickt hatten.[30] Sie sollten ihre Kinder nicht diesen Erniedrigungen aussetzen, argumentierte sie, und abgesehen davon sollten rechtliche und politische Rechte nicht erzwungen in die Sphäre des ›Gesellschaftlichen‹ ausgedehnt werden. Ihre Unwissenheit hinsichtlich der amerikanischen Geschichte nach dem Bürgerkrieg, des Rassismus, des Verfassungsrechts und der Südstaatenpolitik war absolut. Das hielt sie nicht davon ab, einen Essay zu schreiben, in dem sie die Schwarzen in Little Rock belehrte und scharf kritisierte. Ihr Text hätte Rassisten von echtem Nutzen sein können, aber glücklicherweise erschien er in der radikalen Zeitschrift *Dissent*, was das Unheil neutralisierte. Ganz, wie es für sie typisch war, änderte sie ihre Meinung über die schwarzen Eltern, als ihr Ralph Ellison erklärte, dass sie doch keine Parvenüs waren, sondern ihre Kinder heldenhaft für die Zukunft des schwarzen Amerika opferten. Diese schäbige Episode ist in mancherlei Hinsicht eine bessere Veranschaulichung der Fantasiewelt, in die ihre privaten Erwiderungen sie geführt hatten, als das *Eichmann*-Buch.

Trotz alledem reagierte das amerikanische jüdische Establishment *wirklich* übertrieben. Der Vorwurf des Antisemitismus ist nicht zu halten; selbst Illoyalität ist ein zu strenges Urteil. Ihre Idee dessen, was ein Jude sein sollte, war katastrophal, aber erwuchs einer ehrenhaften Reaktion auf die Wirklichkeiten deutsch-jüdischen Lebens. Ihre amerikanisch-jüdischen Kritiker waren, selbst vor *Eichmann*, allzu sehr davon überzeugt, dass es nur eine Art gebe, ein guter Jude zu sein, und zwar die ihre. Zwischen Arendts grauenhaftem Buch und den Zornesausbrüchen, die es veranlasste, bestand ein Missverhältnis. Die heftigsten Reaktionen gingen dabei weder von Israelis noch von Juden europäischer Herkunft aus, sondern von amerikanischen und englischen Juden, die sich davon viel direkter angegriffen fühlten. Sie waren ohne Frage zu schnell bereit, ›Antisemit‹ zu rufen, sobald sie sich gekränkt fühlten. In Wirklichkeit brodelte es in den Beziehungen zwischen deutschen und amerikanischen Juden bereits seit geraumer Zeit. Eine Rolle spielte die Schuld vieler amerikanischer Juden, weniger als möglich getan zu haben, um den Europäern zu Hilfe zu kommen; daraus folgte die anschließende Überidentifikation mit den tatsächlichen Opfern. Auch gab es sehr reale kulturelle Spannungen. Die Sorgen von Juden in einer pluralistischen, multiethnischen, demokratischen Gesellschaft mit noch frischen Erinnerungen an die Weltwirtschaftskrise waren nicht dieselben wie die von Juden aus einheitlichen, von Klassengegensätzen beherrschten, autoritären Gesellschaften, in denen ihnen der Faschismus Furcht bereitete. Überdies wurde die von Arendt geteilte Hoffnung, die Auseinandersetzungen zwischen *Ostjuden** und *Jeckes** werde sich auflösen, erst nach dem endgültigen Verschwinden der deutschen Juden verwirklicht. Als sie nach Amerika kamen, waren sie auf unbehagliche Weise anders als jede andere erste Generation jüdischer Einwanderer. Sie waren hochgebildet, ehemals wohlhabend, selten praktizierend und sprachen kein Jiddisch. Die Sprache und die Rituale des täglichen Lebens, die die amerikanischen Juden zu einer eng verbundenen Gemeinschaft machten, waren ihnen fremd. Sie befanden sich auf einer je anderen Stufe der Assimilation. Die Deutschen fühlten sich oft selbst von den aufgeschlossensten amerikanischen Juden abgestoßen und hielten sich aneinander oder an die Einsamkeit. (Ich kannte einen Mann, der immerzu in den Zoo ging, weil er ihm vertrauter erschien als der Rest der Bronx.) Und schließlich kamen die deutschen Juden schnell sehr gut in Amerika voran. Diesen Neuankömmlingen fiel es häufig leichter, in ihren Berufen, den Wissenschaften und dem akademischen Leben erfolgreich zu sein, als ihren leidgeprüften amerikanischen Religionsgenossen. Waren diese Deutschen wirkliche *Juden* oder war ihre Fähigkeit, in der nichtjüdischen Welt vorwärtszukommen, nicht eher ein Zeichen einer ihnen inhärenten Illoyalität?

Selbst ihre Haltung Amerika gegenüber war anfangs rätselhaft. Sie hatten nicht vor zu bleiben. Nur die Endlösung überzeugte sie schließlich, dass sie keine *Heimat** in Europa hatten. Dass Arendt zurückkehrte und sich entschloss, dort ihr geistiges Zuhause zu finden, war höchstwahrscheinlich die Wurzel ihrer selbst verschuldeten Sorgen. Auch kann ihr Hellenismus ihr wenig dabei geholfen haben, realistischer zu sein. Rahels Zeitgenosse Ludwig Börne, geborener Baruch, begründete die deutsche Praxis, Hebräer und Griechen zu vergleichen, und es hat weder ihm noch sonst jemandem seitdem gutgetan, am wenigsten den Erben Nietzsches. Trotz alledem waren die Kritiker Arendts keineswegs toleranter oder großzügiger als sie und befanden sich doch überdies in einer sehr viel stärkeren Position. Sie waren nicht die letzten Mitglieder einer schnell dahinschwindenden Kultur. Das amerikanische Judentum ist eine blühende Gemeinschaft, wohingegen die deutsch-jüdische Kultur mit Hannah Arendt starb.

Während all dies geschah, hatte Arendt enormen Erfolg als Lehrende an verschiedenen Universitäten. Ihre Strenge war für die nach Autorität hungernden amerikanischen Studenten von großem Reiz. Darüber hinaus verstanden sie, dass Arendts *Bildung** eine Tiefe besaß, die sie in einer Weise stützen konnte, wie es der *education* der Amerikaner niemals möglich war oder sein würde. Vor allem aber hatte sie eine bemerkenswerte persönliche Anziehungskraft und verfügte über ein formidables schauspielerisches Talent. Niemand, der ihre Vorlesungen in jenem krächzenden, guttural ostpreußischen und deutsch betonten Englisch gehört hat, wird je diese Stimme vergessen können. Stets war sie eine überragende Erscheinung. Wenn sie sprach, war sie *ganz und gar da*.

Young-Bruehl hat eine reichhaltige, wenn auch nicht vollständige Biografie Arendts geschrieben. Sie bewunderte sie ganz offensichtlich, aber man wird nicht gezwungen, diese Sicht zu teilen, und kann das Buch lesen, ohne Arendt zu mögen oder ihr zuzustimmen. Das ist das Zeichen einer aufrichtigen Arbeit. Es ist die Geschichte eines jüdischen Lebens, gelebt, wie Arendt meinte, wie eine Jüdin leben sollte, im Guten wie im Schlechten. Zum Zeitpunkt ihres Todes waren nur fünf Mitglieder ihrer einstmals großen Familie noch am Leben. Und das letzte Foto Arendts, aufgenommen kurz vor ihrem Tod, ist bewegend. Es zeigt das Gesicht einer alten Jüdin, von zweitausend Jahren der Sorge gezeichnet.

(1983)

Arendts Kant

Die politische Theorie hat Kants *Kritik der Urteilskraft* oft in der Hoffnung gelesen, dort die Grundlagen eines belastbaren und sicheren Naturrechts aufzufinden. Ihre Erwartungen wurden von Kants Darstellung der »inneren« Teleologie natürlicher Organismen geschürt, also der Unmöglichkeit, irgendein komplexes Ganzes unabhängig von den Funktionsleistungen seiner Teile für den Erhalt seiner Integrität zu betrachten.[1] Wie Hegel jedoch oft und verzweifelt bemerkte, bestritt Kant die Folgerung, dass uns dies mehr erlaube, als lediglich über die Ziele der Natur zu spekulieren, die wir nur als heuristische Hypothesen zu betrachten angehalten sind.[2] Es war diese Weigerung, der Natur irgendwelche Finalursachen zuzuschreiben oder unserem ästhetischen Urteil nichts Allgemeineres als desinteressiertes Wohlgefallen und kulturell anerkannte Geschmacksnormen beizumessen, die Hegel gleichermaßen aufbrachte wie inspirierte. Charles Taylor hat restlos überzeugend dargelegt, dass Hegel kein Werk Kants mehr bedeutete als die dritte Kritik – sowohl als Ausgangspunkt seiner eigenen Entwicklung wie auch als der Schwerpunkt in seiner Ablehnung Kants, da dieser es versäumt hatte, eine »ontologische Einsicht« [*ontological vision*] zu entwickeln, der sich Hegel dann zuwandte.[3] Die *Kritik der Urteilskraft* diente ihm, kurz gesagt, also nicht dazu, das »Skandalon« der kantischen Philosophie Kants aufzulösen und die von ihr errichteten Grenzen zu überwinden, die uns daran hinderten, jene Art von Wissen zu erlangen, das Vernunft und Einbildungskraft uns versprechen. Nun war Hegel in seiner Beurteilung Kants keineswegs immer so gerecht, wie er hätte sein können, aber er bleibt sein größter und umfassendster kritischer Leser. Man kann über die nicht nachlassenden Hoffnungen nur staunen, die spätere Interpreten dazu motivierten, in Kant nach Formeln zu suchen, von denen Hegel auf so intelligente Weise gezeigt hatte, dass sie in diesen Texten vollkommen abwesend waren.

Es sollte erwähnt werden, dass Hannah Arendt in den Vorlesungen, die sie zur *Kritik der Urteilskraft* hielt,[4] nicht nach letztgültigen Worten Ausschau hielt, sondern versuchte, dem Werk, oder eher seinem Ungesagten, eine politische Philosophie zu entlocken. Sie war fest davon überzeugt, dass Kant selbst überhaupt keine politische Philosophie geschrieben hatte. Den Grund für dieses Versäumnis meinte sie in seiner demokratischen Überzeugung zu erkennen, dass nämlich Philosophen nicht abseits von Politik stünden oder von ihr für sie keine Gefahr ausginge, sondern dass sie, wie der Rest von uns, einfache Mitglieder einer Zivilgesellschaft seien. Kant verstand Politik daher nicht als intellektuelle Herausforderung, wie sie es für alle seine Vorgänger seit Platon gewesen war. Das Problem mit dieser Auffassung ist nur, dass Kant sehr wohl eine Rechtsphilosophie geschrieben hat, die an alle zentralen Themen politischer Philosophie rührt, unter anderem an das Wesen der Gerechtigkeit, die Struktur des Konsenses, die Frage eines Rechts auf Widerstand, den Charakter von Bestrafung, internationale Beziehungen und natürlich repräsentative oder republikanische Herrschaft. Auf was immer sich das auch belaufen mag, ein Schweigen ist es sicher nicht, auch wenn Arendt – und Hans Saner in seinem Buch *Kants Weg vom Krieg zum Frieden* – diese Themen mit keinem Wort erwähnen.[5] Beide scheinen sie der Meinung zu sein, dass die *Kritik der praktischen Vernunft* für politische Philosophie in keiner Hinsicht relevant wäre. Um Arendt Gerechtigkeit widerfahren zu lassen, muss man allerdings sogleich erwähnen, dass diese Sicht ihrem eigenwilligen Verständnis der politischen Tätigkeit entspringt, die von Kants Belangen in der Tat meilenweit entfernt ist. Arendt zufolge gab es wirkliches politisches Handeln nur in der antiken Polis und bei seltenen Anlässen in späterer Zeit, wenn Menschen in intensiver Kommunikation vereint waren, um ein gemeinsames Ziel zu erreichen, so wie bei den Arbeiterräten im revolutionären Russland, beim ungarischen Aufstand von 1956 und ähnlichen Bewegungen. Ebenfalls anders als Kant hatte sie eine katastrophische Auffassung von Geschichte: Zumindest seit der Aufklärung sei es nur noch bergab gegangen, als die bürgerliche Kultur sich in Massenkultur verwandelte und die Zerstörungskraft des Totalitarismus schließlich den völligen Mangel an Sinn in der Welt enthüllte. Das ist die postnietzscheanische Wüste des Herzens und des Geistes und man muss sich wundern, was um alles in der Welt Kant hier zu suchen haben soll. Eine ganze Menge, wie sich herausstellt.

Die erste Hälfte dieser Vorlesungen besteht lediglich aus Notizen, die Arendt, wie alle Lehrenden es tun, als Gedächtnisstützen verwendet haben muss. Die letzten sechs aber sind so gehaltvoll, dass sie die Veröffentlichung von Aufzeichnungen rechtfertigen, die die Autorin nicht für die lesende Öffentlichkeit bestimmt hatte. Ronald Beiners klarer und intelligenter Kommentar,[6] der die Hälfte des Buches einnimmt, macht sie besonders interessant. Wie er hervorhebt, findet Arendt bei Kant zwei Theorien des Urteilens, die ihr beide dazu dienten, die eigene Auffassung von den Möglichkeiten von Politik zu erhellen und sogar zu bestärken. Bei der ersten handelte es sich um das Urteilen in Bezug auf die Unparteilichkeit, zu der politische Akteure fähig sind, wenn sie »politischen Geschmack« erwerben. Dies ist genau jener Geschmack, jene geteilten Maßstäbe, von denen Kant meinte, dass sie unser ästhetisches Urteil prägen und sich dadurch über bloße persönliche Neigungen hinausheben. So appellieren wir mit unserer Überzeugung, dass Mozarts Musik schön sei, prinzipiell an die Anerkennung aller – was wir nicht tun, wenn wir sagen, »das ist eine gute Tasse Kaffee«. Der Reiz, hieraus eine Auffassung von politischem Diskurs zu gewinnen, ist offensichtlich: Es wird die Möglichkeit gemeinsamen Handelns eröffnet, ohne auf eine außerhalb der Gemeinschaft liegende Legitimationsquelle zurückgreifen zu müssen. Die zweite Idee des Urteilens, die Arendt von Kant bezog, war die des reflektierenden Beobachters. Kunst wird von einem Genie geschaffen, das Kant als Naturgewalt betrachtete. Der Geschmack formt und bändigt diese Gewalt und es ist der Beobachter, der sowohl der Nutznießer des Ergebnisses ist als auch das Medium des Geschmacks, den das Genie benötigt. An dieser Stelle ist vom Genie fast nicht die Rede, weil Arendt der Meinung ist, es würde niemand Kunst erschaffen, hätte er keine Zuschauer. Das aber ist alles andere als selbstverständlich, wenn Genie eine Naturgewalt sein soll. Kierkegaards Bemerkung, es sei bescheiden von der Nachtigall, zu singen, ganz gleich, ob jemand zuhöre oder nicht, aber stolz von ihr, sich nicht darum zu kümmern, erzählt eine andere, wahrscheinlichere Geschichte.[7] Einem Zuschauerpublikum zu gefallen, ist wahrscheinlich nicht das höchste Ziel des Genies. Es besteht vielmehr eine Antinomie zwischen Kunst als Schöpfung und Kunst als Wohlgefallen, die das ästhetische Urteil für die Politik irrelevant macht. Arendt aber bestreitet dies, weil sie das zurückblickende historische Urteilen als eine Form des Zuschauens auffasst. Obendrein behauptet sie auf Basis von Kants Beschreibung seiner eigenen Reaktionen als entfernter, provinzieller Deutscher auf das fantastische Spektakel der Französischen Revolution, dass er der Meinung gewesen sei, die Geschichte blicke zurück wie ein Zuschauer und richte die Werke der Vergangenheit in ihrer eigenen und unparteiischen Weise. Aus Arendts Sicht macht sie so die Schlächtereien der Epochen wett. Hegel mag etwas in dieser Richtung gesagt haben, nicht aber Kant. Freilich argumentierte Kant, dass man die Geschichte als einen kollektiven Fortschritt lesen könne und solle, obwohl es keine Zeichen eines moralischen Wachstums gebe. Wir täten gut daran, der Spezies Fortschritt zuzuschreiben, weil es für uns psychologisch wichtig sei, nicht zu verzweifeln, und weil die Hypothesen des Verfalls und der Unbeweglichkeit noch weniger plausibel seien. Es gebe keinen Grund anzunehmen, dass die Natur uns davon abhalten sollte, nicht wenigstens zivilisiert zu werden; im Gegenteil könne man ermutigende Tendenzen in ihrem Fortgang erkennen. Der Krieg, das schreckliche Instrument unseres Fortschritts, möge sogar derart zerstörerisch geworden sein, dass wir ganz davon Abstand nähmen, ihn zu gebrauchen. Zumindest ist dieser Umstand geeignet, es für einen moralischen Staatsmann zur Pflicht werden zu lassen, für Frieden, Föderalismus und republikanische Freiheiten zu arbeiten.[8] Um diese Letzten geht es Kants Politik. Eine natürliche oder historische Teleologie können wir uns zwar vorstellen, aber sie zu kennen, ist uns verwehrt. Was wir stattdessen zu erkennen wagen können und sollen, das sind unsere Begrenzungen. Es ist dieses Wissen, von dem Kant hoffte, es werde uns frei genug machen, die echte Arbeit der Aufklärung zu beginnen – ein Projekt freilich, das Arendt als Katastrophe ansah. Dies ist der Grund, warum die kognitiven Themen, die in allen von Kants kritischen Schriften so zentral sind, hier nicht angesprochen werden. Arendts Dialektik von Akteuren und Zuschauern, die am Ende aller Zeiten aufgelöst werden kann, lässt sich nicht von Kant ableiten, ist aber um ihrer selbst willen außergewöhnlich interessant und Ronald Beiner hat einen glänzenden Essay über diese ausgesprochen originelle Philosophie historischen Urteilens geschrieben.

(1984)

Arendt-Korrekturen. Judith Shklars Kritik an Hannah Arendt

Hannes Bajohr

Judith Shklar hat sich ihr Leben lang mit Hannah Arendt beschäftigt. Einerseits explizit, als Gegenstand dreier Rezensionen, eines Zeitschriftenartikels und eines Nachrufs, die in diesem Band versammelt sind, andererseits aber in den großen Linien ihrer Bücher. So lässt sich den großen Werken Arendts meist eines von Shklar gegenüberstellen: *Elemente und Ursprünge totaler Herrschaft* (1951) findet in Shklars *After Utopia* (1957) eine Antwort als Auseinandersetzung mit den ideologischen Bedingungen des Totalitarismus (ein Auszug daraus eröffnet diesen Band);[1] Shklars *Legalism* (1964), eine Untersuchung der Nürnberger und der Tokioter Kriegsverbrecherprozesse, erschien fast zeitgleich mit Arendts *Eichmann in Jerusalem* (1963) und wird heute als wichtiger Beitrag zu einer Theorie politischer Prozesse wiederentdeckt;[2] schließlich ist *American Citizenship*

(1991) ein echtes Komplement zu *Über die Revolution* (1963), mit dem Shklar der zweiundzwanzig Jahre Älteren in Fragen der Amerikanischen Revolution und Staatsbürgerschaft widerspricht.[3] Doch statt auf Fundamentalkritik oder weltanschauliche Angriffe zielte Shklar eher auf pointierte Arendt-Korrekturen und warf – gelegentlich grelle, nicht immer gerechte, aber dadurch oft aufschlussreiche – Schlaglichter auf Arendts vermeintliche Schwächen: auf ihre metaphysischen Fundamente, ihr Geschichtsverständnis, den fragwürdigen Status von Opfer- und Heldentum in der Politik, die Verklärung der Amerikanischen Revolution und die Realität ihres jüdischen Selbstbildes.

Im Schatten des Totalitarismus

Diese Konfrontationen haben ihren Ursprung in den ersten Begegnungen von Arendt und Shklar, persönlich wie intellektuell,[4] die ganz im Zeichen der Totalitarismustheorie standen. Shklar lernte Arendt in den Harvard-Seminaren kennen, die in den Fünfzigerjahren von Carl Joachim Friedrich geleitet wurden, einem in der Zwischenkriegszeit in die USA ausgewanderten deutschstämmigen Politikwissenschaftler. Friedrich war von 1951 bis 1955 Shklars Doktorvater in Harvard und, nachdem sie dort zu lehren begonnen hatte, ihr Vorgesetzter am Department of Government. Im Kontext des Totalitarismus als einem von Friedrich favorisierten Erklärungsansatz war, wie vor ihr Franz Neumann und Arnold Brecht, dann im Dezember 1951 auch Hannah Arendt, sofort nach Erscheinen ihrer *Elemente und Ursprünge totaler Herrschaft*, im Kolloquium zu Gast. Beim anschließenden Abendessen konnten sich Studenten und Lehrer austauschen. Friedrich und Arendt einte wohl eine gewisse Komplizenschaft gegen links und rechts und Arendt reiste noch mehrere Male in seine Harvard-Seminare, unter anderem, um 1953 an einer Totalitarismus-Konferenz teilzunehmen, die Friedrich veranstaltete (ebenfalls anwesend: Isaiah Berlin). Es ist fast sicher, dass Shklar dabei immer zugegen war.

Friedrich und Arendt gingen das gemeinsame Thema Totalitarismus verschieden an. Während Arendt stets eine philosophische Grundlage bemühte (auch wenn sie den Begriff »Philosophin« berühmterweise ablehnte),[5] die sie schließlich, als Explikation der letzten Seiten von *Elemente und Ursprünge*, in ihrer *Vita activa* als Phänomenologie des menschlichen Handelns artikulierte, war Friedrichs Ansatz, den er mit seinem Schüler Zbigniew Brzeziński in *Totalitäre Diktatur* (1956) ausarbeitete,[6] analytischer und positivistischer in der Theoretisierung des Totalitarismus. Friedrich und Brzeziński stellten sechs grundlegende Kategorien auf, die totalitäre Diktaturen idealtypisch aufwiesen – politische Ideologie, Monopolpartei, Geheimpolizei, zentralisierte Wirtschaft und Nachrichten- wie Waffenmonopol – und mit denen sie Stalinismus und Nationalsozialismus als zwei Spezies desselben Genus identifizierten. Friedrichs Beitrag verschwand daher spätestens in den Achtzigerjahren im Zuge des Historikerstreits von den Lehrplänen, während Arendts Totalitarismus-Buch, gerade nicht historisch-analytisch, sondern philosophisch rezipiert, den Status eines wieder und wieder gelesenen Klassikers besitzt.

Obwohl Shklar also in einer solchen Umgebung sozialisiert wurde, hielt sie bald nur noch wenig von der Kategorie ›Totalitarismus‹. Der positivistische Ansatz erschien ihr, wie sie später schrieb, von der Wirklichkeit des Naziregimes gesäubert und war stattdessen, »recht desinfiziert, in den Kontext des kalten Krieges integriert«.[7] Dem philosophischen Ansatz stand sie ebenso skeptisch gegenüber. 1961 schrieb sie in einer Rezension von Karl Jaspers' *Die Atombombe und die Zukunft der Mensch-*

heit (1958), seine »Analyse des Totalitarismus basiert erklärtermaßen auf dem Werk von Hannah Arendt. Das heißt, der Totalitarismus wird als statische ›Essenz‹ beschrieben, die keiner Veränderung oder Variation unterliegt.«[8] Damit griff sie zweifelsohne eine gewisse Tendenz zur Geschlossenheit im Arendt'schen Totalitarismuskonzept an, übersah aber, dass ein auf Bewegungen und Massen gestütztes Modell gar nicht völlig monolithisch gedacht werden konnte. Eher schien sie wieder Friedrichs und Brzezińskis Ansatz zu treffen, dessen sechs Merkmale ihn heuristisch starr machen, während Arendt, deren konkrete Elemente des Totalitarismus – etwa Atomisierung, Wirklichkeitsverlust oder Überflüssigmachung von Menschen – mit sehr viel weniger greif- und damit fixierbaren Kategorien operiert.

Aber auch daran stieß sich Shklar: Arendt warf sie die metaphysische Luftigkeit und die zwielichtige Genealogie vor, die sie hinter diesen Kategorien vermutete – für Shklar war Arendt eine Epigonin des deutschen Existenzialismus und damit der romantischen Tradition. Während Friedrich und Brzeziński totalitäre Diktatur lediglich als extreme Form von Autokratie einordneten, lag für Arendt im Totalitarismus ein qualitativer Sprung vor, ein radikaler Bruch in der Tradition des Westens.[9]

Shklar, die einen solchen Bruch nie anerkannte,[10] vermutete darin eine unverzeihliche Neigung zur Metaphysik.[11] Ihr erstes Buch, *After Utopia*, formulierte den Beginn dieses Misstrauens, das ihr Verhältnis zu Arendt weithin bestimmte und eine Tendenz zur Polemik nie ablegte.

Das unglückliche Bewusstsein der Gegenwart

After Utopia war nicht Shklars Antwort auf die Frage, was ›den Totalitarismus‹ (von dem sie hier noch sprach) möglich gemacht hatte. Vielmehr ging es ihr darum zu zeigen, wie die verfügbaren politischen Ideologien und Theorien gescheitert waren, nach »Jahren der Instabilität, Krieg und Totalitarismus« überhaupt noch Handlungsanweisungen zu geben. Der Titel, »nach den Utopien«, ist irreführend.[12] Nicht die Möglichkeit oder Unmöglichkeit von utopischem, sondern von gegenwartsrelevantem politischem Denken überhaupt war ihr Anliegen. Politische Philosophie hatte für Shklar nichts zum Verständnis der Katastrophe des Zweiten Weltkriegs beigetragen, sondern sich »in Klischees ergangen, die rein gar nichts mit den sozialen Erfahrungen zu tun haben, deren Eigenschaften eher gefühlt als ausgedrückt werden«.[13] Solche Klischees erkannte Shklar vor allem in der kulturkritischen Apokalyptik, die in der Nachkriegszeit den Ton politischer Theorie angab; nichts schien Shklar neu an diesen Lamentos, deren Abstammungslinien sie in ihrem Buch nachging.

After Utopia erschien 1957 als umgearbeitete Fassung ihrer 1955 abgeschlossenen Dissertation, deren ursprünglicher Titel den Inhalt sehr viel präziser wiedergibt: *Schicksal und Vergeblichkeit. Zwei Motive in der zeitgenössischen politischen Theorie*.[14] Unter der Rubrik *Schicksal* versammelte sie das christliche politische Denken, während sie *Vergeblichkeit* als Grundtenor dessen angab, was sie die »Romantik der Niederlage« nannte.[15] Christlicher Fatalismus und romantischer Defätismus standen dabei metonymisch als »Ausdruck einer zeitgenössischen Stimmung«, die sich in Gegnerschaft zur Aufklärung und ihrem Fortschrittsoptimismus, Selbstbestimmungsideal und Vernunftpostulat verstand. Gemeinsam war ihnen, so Shklar, das »unglückliche Bewusstsein« zu artikulieren, jenes Gefühl der Entfremdungen in der Moderne als Unvereinbarkeit von Subjekt und Gesellschaft, das Hegel in seiner *Phänomenologie* beschrieben hatte.[16] Während der christliche Fatalismus (sie nennt etwa Romano Guardinis *Ende der Neuzeit*) sich bis zum Gegenaufklärer Joseph de Maistre zurückverfolgen ließ, war aus dem Ästhetizismus der deutschen Romantik und ihrer Trennung von Selbst und Welt, Genie und Durchschnittsmensch, die Romantik der Niederlage hervorgegangen. Beiträge zum Verständnis der Katastrophe oder zu einer neuen Konzeption politischer Theorie seien von beiden nicht zu erwarten.

Was die Romantiker anging, so zählte Shklar José Ortega y Gasset, Aldous Huxley oder Gabriel Marcel zu ihren Vertretern. Der legitimste Erbe der Romantik aber war ihr der Existenzialismus. Neben Jean-Paul Sartre und Simone de Beauvoir, deren rein situative, ahistorische »Politik der Extremsituation« sie als reduktiv ablehnte, nannte sie wieder und wieder Karl Jaspers (»der moderateste unter ihnen«) und Martin Heidegger (»der größte Romantiker von allen«).[17] Ihrer »Erzählung von der entfremdeten Seele« in der Moderne galt Shklars Hauptkritik.[18] Sie alle, schrieb sie in vollendeter Anwendung der für sie typischen »Kunst der Interpretation als Paraphrase«,[19] vereinten Technik- und Wissenschaftsverachtung mit dem Elitismus romantischen Geniekults:

> Die äußere Welt vernichte das einzigartige Individuum. Die Gesellschaft bringe uns

> um unser Selbst. Das gesamte soziale Universum sei heute totalitär, nicht nur einige politische Bewegungen in bestimmten Staaten. Die Technik und die Massen bestimmten überall die Lebensbedingungen und beide machten das Wesen des Totalitarismus aus, seien der Gipfel all der gesellschaftlichen Kräfte, die stets die individuelle Persönlichkeit bedroht haben.[20]

Die Diagnose des Totalitarismus verengt sich in einer solchen Perspektive auf metaphysisch aufgeplusterte, philosophisch hohle und zu Konservatismus neigende romantische Kulturkritik, die Shklar zufolge rein gar nichts erklärt. Die attestierte generelle Krise der Neuzeit lehnte Shklar als rein spekulativ und unzureichend begründet ab. Tendenziell bei allen genannten Denkern, aber vor allem bei Heidegger, führe dieser Romantizismus darüber hinaus zu einer völligen Unfähigkeit, eine echte politische Philosophie zu entwickeln; Romantik ist anti- oder apolitisch. Über Heideggers Konzept des »Mitseins« etwa schrieb Shklar, dass es »nichts mit der tatsächlichen An- oder Abwesenheit anderer zu tun« habe, vielmehr sei es »potenziell eine Gefahr für uns bei unserer Suche nach dem ›Sein‹. […] Hier befinden wir uns am Wesenskern aller existenzialistischen Ethik. Es ist ganz einfach die Vorstellung, dass das Selbst der einzige und höchste Wert ist. [...] In keinem Fall ist ›der andere‹ ein absoluter Zweck an sich.«[21] Die Sorge um das Dasein ist Ästhetizismus. Aus einer solchen solipsistischen Ethik lässt sich keine politische Theorie ableiten.

Shklar schien hier Arendts harscher Heidegger-Kritik zuzustimmen, die sie in *Was ist Existenz-Philosophie?* (1946) formulierte. Dort hatte Arendt nicht nur Heideggers Anbiederung an das Naziregime gegeißelt,[22] sondern diese »Charakterlosigkeit« aus dem Solipsismus seiner Philosophie erklärt, der bar jeder politischen Urteilskraft sei. Es gehe ihm nur um das eigene Selbst und der »wesentlichste Charakter dieses Selbst ist seine absolute Selbstischkeit, seine radikale Abtrennung von allen, die seinesgleichen sind«.[23] Auch sie sah eine Parallele zur deutschen Romantik: »Heidegger ist faktisch (hoffentlich) letzter Romantiker«.[24]

Doch wo Arendt dem schlechten Existenzialismus Heideggers den guten Jaspers' gegenüberstellte, der darum politisch sei, weil er seiner Philosophie die »Kommunikation« zum Kernpunkt gemacht habe, sah Shklar zwischen beiden nur einen graduellen Unterschied. Auch Jaspers sei ein Romantiker der Niederlage, der lieber eine große metaphysische Enttäuschung formulierte, als konkret werden zu wollen, lieber von der »›metaphysischen Schuld‹« sprach, »die wir einfach dadurch auf uns laden, am Leben zu sein«,[25] als sich den wirklichen Opfern zuzuwenden und ihre Perspektive einzunehmen. Was Jaspers betraf, so sah er zwar, anders als Heidegger, das Selbst in Verbindung mit anderen Selbsten – aber immer nur im gleichermaßen ästhetizistischen Verhältnis von »Ausnahme-Existenz« zu »Masse«.[26]

Opfer, realistisch statt metaphysisch

Bei all dem ging es Shklar, die später mit ihrer Konzeption des »Liberalismus der Furcht« berühmt werden sollte,[27] nicht allein um die Kritik der politischen Romantik. Wie in fast allen ihren Schriften steht der wichtigere Gegner auf der eigenen Seite. Mit ihrer Analyse der Romantik der Niederlage zeichnete sie eine negative Heuristik, die dazu diente, dem »konservativen Liberalismus« ihrer Gegenwart, der »eher Burke als Locke verpflichtet« sei,[28] einen Liberalismus entgegenzustellen, der diese Tendenzen vermeidet. Liberalismus, schrieb sie später einmal, sei nämlich durchaus mit Romantizismus kompatibel.[29] »Liberalismus ist eine politische Philosophie, Romantik eine Weltanschauung, eine Geisteshaltung, die sich den verschiedensten Formen politischen Denkens anzupassen vermag.«[30] Um dem Liberalismus die Romantik auszutreiben, versuchte sie, beide so scharf zu kontrastieren wie nur möglich: Ist das »Grundproblem des Liberalismus [...] die Schaffung einer aufgeklärten öffentlichen Meinung, um die Bürgerrechte Einzelner zu schützen und die spontanen ordnenden Kräfte in der Gesellschaft zu ermutigen«, so »machen Romantiker aus der Selbstdarstellung um ihrer selbst willen eine Tugend und halten Individualität für notwendig in Opposition zu vorherrschenden Gesellschaftsstandards«; fürchten »Liberale Mehrheiten, weil sie zu mächtig sind, um gerecht, und zu ignorant, um weise zu sein«, so sind »Romantiker von ihrer Fügsamkeit, ihrer Gleichgültigkeit gegenüber dem Genie und ihrem unausgegorenen Gefühlsleben abgestoßen«. Und sie fasst zusammen:

> Liberale sehen nur die Gefahren von Machtmissbrauch. Dass der Staat sich nicht in die Gesellschaft einmischen soll, ist eine Idee von einer ganz anderen Größenordnung als die, dass es die erste Pflicht einer Person sei, ihre eigene, ein-

> zigartige Persönlichkeit zu entwickeln. Mehrheitsherrschaft und Minderheitenrechte sind die beiden zentralen Themen liberalen Denkens; das einzigartige Individuum und seine Feinde, die Massen, brauchen nie in seine Überlegungen einzugehen. Romantiker haben der Gesellschaft nichts als ihre Verachtung zu bieten. Der Liberalismus aber versucht, die Beziehung zwischen Einzelnem, Staat und Gesellschaft sowie zwischen letzteren beiden durch das Gesetz zu regulieren.[31]

In Shklars Analyse lassen sich die Kontraste zwischen Liberalismus und Romantizismus – Gleichheit gegen Ausnahmeexistenz, Staatsgewalt gegen Konvention, persönliche Freiheit gegen einzigartige Individualität – auf einen einzigen reduzieren: den von Mehrheit als politisch und Masse als ästhetisch beurteilter Größe. In diesem umfassenderen Projekt einer korrektiven Liberalismuskritik nimmt Shklar nun auch Arendt in den Blick. Denn gerade die Rede von der »Masse« war es, die Shklar auch Arendt, zumindest der Tendenz nach, unter die romantischen Defätisten zählen ließ. Arendts Analyse des »Mob« in *Elemente und Ursprünge* kritisierte Shklar heftig und erkannte in ihr dieselbe romantische Ablehnung des »Man« wieder, die Heidegger in *Sein und Zeit* formuliert hatte.[32] Was dem Romantiker des neunzehnten Jahrhunderts der Philister, sei dem des zwanzigsten die Masse:

> Im romantischen Denken sind der Durchschnittsmensch und der Philister immer mehr oder weniger identisch gewesen. Heute werden die Massen als die neuen Philister identifiziert. Daher spricht Hannah Arendt von der totalitären Gesellschaft als »Massen koordinierter Spießer«, die aus allen Ecken der Gesellschaft zusammengekommen seien.[33]

Shklar witterte hier aber nicht nur elitären Snobismus, der ihr stets als eine der größten Gefahren eines liberalen Gemeinwesens erschien.[34] Shklar hielt Arendts Verachtung des »Mobs« für den Auswuchs einer soziologischen Genealogie, die einerseits auf Gustave Le Bons rassistisch fundierte Massenpsychologie zurückging, andererseits aber auch eine politische Enttäuschung ausdrückte: Arendt, so Shklar, versuche, »Marx mithilfe Le Bons zu revidieren«,[35] indem sie die als unhaltbar erwiesene Kategorie der Klasse durch die der Masse ersetze.

> Für Arendt [...] hat die Unmöglichkeit, an das Proletariat zu glauben, zu einer Sichtweise geführt, die die Mehrheit der Menschen in ein Leben vernunftloser Wildheit verdammt, die nur einige künstliche Einhegungen, wie etwa Klassenschranken, kontrollieren könnten. Mit dem Ende marxistischer Sicherheiten sei die Gesellschaft fremd, irrational und unbeherrschbar geworden und eine neue Form des »unglücklichen Bewusstseins« sei entstanden, das wieder einmal glaubt, die »Welt« könne nicht erlöst werden.[36]

Die Überzeugung, aus dem »Gefühl einer kulturellen Katastrophe« die Geschichte des Westens als Ganze verwerfen zu müssen,[37] fand sie bei »Jaspers' Jüngerin[]«[38] nicht minder als bei diesem oder gar Heidegger selbst und zitierte die letzten Seiten der amerikanischen Erstausgabe von *Elemente und Ursprünge des Totalitarismus*:

> »Heute sehen wir sowohl die Geschichte wie die Natur als etwas dem Wesen des Menschen Fremdes an. Keine von ihnen bietet uns jenes umfassende Ganze, in dem wir uns geistig zu Hause fühlen.« Auch wenn wir uns nun unsere eigene

> Natur und Geschichte ohne die Hilfe ewiger Wahrheiten schaffen müssen, seien unsere Erfolge und Niederlagen einer indifferenten Natur und einem toten Gott gleichgültig. Ob wir unsere Ziele erreichten oder nicht, wir handelten »mit der bitteren Erkenntnis, daß uns nichts versprochen worden ist: kein messianisches Zeitalter, keine klassenlose Gesellschaft, kein Paradies nach dem Tode«.[39]

Die Folge dieser Enttäuschung sei eine Abwendung von konkreter Politik hin zu einer existenzialistisch verbrämten Idee von politischen Akteuren als romantischen Genies. Heldentum und Irrationalismus würden zu Kategorien der Politik, die, ganz wie die Verachtung der »Masse«, keinen Sinn für die Perspektive der Opfer besitze. Aber schlimmer noch, als sie zu ignorieren, sei es, dass »Opfertum heute zu einer metaphysischen Kategorie geworden ist«.[40] Die wirklichen Opfer blieben dabei aber auf der Strecke, weil sie für den Status des heroischen Einzelnen keine Bedeutung besäßen. Noch am Ende ihrer Karriere, in *Ganz normale Laster* (1984) und *Über Ungerechtigkeit* (1990), setzte sich Shklar mit dem schmalen Grat auseinander, der das Reden über Opfer darstellt, zwischen Heroisierung und Entmündigung, Verdammung und Vereinnahmung.[41] Doch schon in *After Utopia* stellte sie heraus, wie von der Einschätzung des Status von Opfern die Bewertung von Gewalt und Grausamkeit abhängt. Denn die Folge eines metaphysischen Opferbegriffes sei es, nicht ›bloße‹ Gewalt abzulehnen, sondern die »›bequeme‹ Gewalt, Gewalt aus der Distanz und vor allem rationale Gewalt«.[42] Gewalt werde nicht weniger metaphysisch relativiert als Opfertum, wenn man sie, statt sich ihrer Phänomenalität aus der Perspektive des Opfers zu stellen, zu einem transindividuellen Vorkommnis als Ausdruck einer Pathologie der Gegenwart mache. Die Rede von der Rationalisierung von Gewalt im Totalitarismus hielt Shklar für verfehlt, wenn sie theoretisch derart hypertrophiert wird, wie sie es bei Arendt zu erkennen meinte, der »die ›Logizität‹ der totalitären Ideologie als so wichtiger Faktor [erscheint], dass sie totalitäre Regierungsformen als ›Logokratie‹ bezeichnen würde. Abstrakte Logik hat noch keinem Romantiker zugesagt.«[43]

Enttäuschte Marxistin und metaphysischer Snob

Wie Weniges zeigt diese Einschätzung von Opfertum und Gewalt die »Differenz im metaphysischen Hitzegrad« zwischen Arendt und Shklar, von der Axel Honneth spricht.[44] Was für Arendt das absolut Neue war, das den Faden hatte reißen lassen, der uns mit der Tradition verbindet,[45] war für Shklar ein konkretes, ein politisches und moralpsychologisches Problem. Von der Shoah, der sie selbst entkam, sprach Shklar weder in diesem Buch noch in einem anderen ausdrücklich. Arendts Insistieren auf dem uneingeschränkten Geschichtsbruch erschien Shklar als Zeichen eines Willens zur Metaphysik, den sie sehr viel radikaler ablehnte als Arendt, die sich selbst als Antimetaphysikerin bezeichnete.[46] Mehr noch, wie Katrina Forrester meint, gehörten für Shklar »Arendts Überlegungen zu einem vom Totalitarismus besessenen Geist, der nicht bedachte, dass nach dem geschehenen Bösen wieder zurück zu einem normalen Gemeinwesen gefunden werden müsse«.[47] Arendt erscheint in dieser Lesart nicht nur als eine jener Stimmen, die im Betrachten des größten Übels die kleineren vergessen, die aus Angst vor dem Totalitarismus selbst totalitär zu werden drohen und vor denen sie selbst einmal gewarnt hatte[48] – sie läuft auch Gefahr, die Notwendigkeit von konkreter Politik überhaupt aus dem Blick zu verlieren.

Am Ende dieses Ritts durch nur ein Kapitel von Shklars *After Utopia* sollte klar geworden sein, dass sie, wie Seyla Benhabib einmal meinte, Arendt »in so vielen Fragen gegen den Strich« liest, »dass eine detailliertere Untersuchung ihrer Ansichten nötig wäre«.[49] Shklar interpretiert Arendt als existenzialistische Romantikerin, als elitären Snob, als orakelnde Metaphysikerin und als enttäuschte Marxistin, deren Ideal der heroische Einzelne sei, weshalb sie nicht Gewalt oder Grausamkeit als höchstes Übel ansetze, sondern den Verlust von Individualität in der Moderne. Das ist eine Menge. Vor allem die heroische Konzeption von Politik ist ihr ein Dorn im Auge; das Handeln zu feiern, zumal als Ausdruck einer irreduziblen Individualität, wie Arendt es in der *Vita activa* konzeptualisiert, geht für Shklar mit der Drohung einher, weniger auf seine Folgen zu achten als auf das bloße Faktum dieses Handelns selbst. Shklars Skepsis, ob Arendt der Gewalt die nötige Berücksichtigung entgegenbrachte, deutet bereits die Differenz in grundlegenden Kategorien an.

So sehr aber Shklar gegen einen Defätismus

in der politischen Philosophie der Nachkriegszeit zu Felde zog, der auf die Erfahrung des ›Totalitarismus‹ mit Ratlosigkeit oder Nostalgie antwortet, gab sie zu, selbst kein positives Gegenmodell anbieten zu können:

> Die Autorin teilt den Geist der Zeit insofern, als sie weder willens noch fähig ist, eine neue politische Theorie zu schaffen. Es ist eine Tatsache, dass es nahezu unmöglich ist, fest daran zu glauben, die Kraft der menschlichen Vernunft, die sich in politischem Handeln ausdrückt, könne fähig sein, ihre Ziele zu erreichen. [...] Dass eine angemessenere Erklärung anzubieten in diesem Moment unmöglich ist, mag die unangenehme Schlussfolgerung sein, die sich aus dieser Analyse ergibt.[50]

Wenn der tiefe Pessimismus, was die Zukunft politischer Theorie betrifft, von Arendt und Shklar offensichtlich geteilt wurde, besteht die große Differenz für sie darin, wie mit dieser Enttäuschung umzugehen sei. Shklar nimmt eine politisch skeptische Haltung ein,[51] die dennoch den Glauben an das Projekt der Aufklärung, seinen Liberalismus, »seinen Humanitarismus und seinen tiefen Sinn für Gerechtigkeit«[52] nicht völlig aufgegeben hat, auch wenn sie zu diesem Zeitpunkt höchstens die Möglichkeit sieht, es negativ, seine Abweichungen korrigierend weiter zu verfolgen. Arendt wendet sich für Shklar dagegen vollkommen von der Neuzeit ab und »dem einzigen Zeitalter [zu], das sie wirklich bewundert: der intellektuellen Epoche, die mit Platon beginnt und mit Augustinus endet«.[53]

Der Glanz der Antike

Shklar hatte in *After Utopia* zwar abgelehnt, eine positive Vision politischer Theorie zu entwerfen, aber anhand der Kritik an Arendt und anderen Romantikern entwickelte sie zumindest die negativen Bedingungen für eine solche nicht-romantische Theorie: Sie sollte politisch liberal, antimetaphysisch und realistisch sein, Wert auf Abwehrrechte und Schutz des Individuums legen, ein demokratisch-prozeduralistisches statt eines heroisch-ästhetischen Politikverständnisses transportieren und wesentlich um die Perspektive der Opfer zentriert sein.[54] Vor allem aber sollte sie sich, im Sinne eines politischen Realismus,[55] der Welt zuwenden, wie sie heute ist und wie sie einst war, um Normen politischen Handelns für die Gegenwart zu bilden und sie an der Geschichte zu prüfen. Auch diesen *realistischen Imperativ* erarbeitet Shklar in Auseinandersetzung mit Arendt. Und Arendt, für die der *amor mundi* die Grundmotivation von Politik war,[56] ein mangelndes Interesse an der Welt vorzuwerfen, ist abermals eine korrektive Lektüre gegen den Strich.

Arendt strebt nach Shklars Lesart nach einem bewusst unerreichbaren Ideal, dessen Wert nur darin bestehe, die Gegenwart herabzusetzen, anstatt ihr einen gangbaren Weg in die Zukunft zu weisen. Sie erblicke ein solches Ideal in der Antike und nicht zuletzt die *Vita activa* zeuge von tiefem Respekt gegenüber der griechischen und römischen Tradition politischen Denkens. Shklar erkennt hier die Grundlage eines systematischen Manichäismus, der Arendts gesamte Philosophie bestimme, sodass eigentlich immer »zwei Arendts am Werk« seien: die versierte, nuancierte Ideenhistorikerin antiker Philosophie und die nur schwarz-weiß malende Kulturkritikerin der Gegenwart. Letztere habe die »Neigung, ausschließlich in absoluten Gegensätzen zu denken, niemals in Abstufungen oder Nuancen«.[57]

In einer 1963 erschienen Rezension zu Arendts Essaysammlung *Between Past and Future* (1961), der erweiterten englischen Fassung von *Fragwürdige Traditionsbestände im politischen Denken der Gegenwart* (1957),[58] stellte Shklar diese Doppelposition besonders deutlich heraus. Neben dem »scharfsinnigen Interesse an den Philosophen der klassischen Antike« gebe Arendt »einer starken Abneigung gegen die heutige Zeit und alles, was zu ihr beigetragen hat«, Ausdruck. »Der Kontrast zwischen Antike und Moderne« halte die Essays zusammen, was »ihnen eine einfache Struktur gibt: Je heller der Ruhm der Antike, desto dunkler die Verfehlungen der Moderne«.[59] Dabei bestehe immer die Gefahr, dass die kenntnisreiche Interpretation der Antike der »Verurteilung der Gegenwart« untergeordnet zu werden drohe. Shklar insinuierte hier eine rhetorische Taktik, die begriffsgeschichtlichen Analysen darauf abzustellen, »das grundlegend Neue dieses [modernen] Zustands aufzuzeigen – im Besonderen die ›Einzigartigkeit‹ seines Inbegriffs, des Totalitarismus«.[60]

Bereits diese vermeintliche Popularisierungsstrategie musste Shklar, die Kritikerin dieses Inbegriffs, skeptisch stimmen. Diese Agenda hat ihr zufolge aber den Nebeneffekt, dass Arendt weniger heroisch-aristokratische Alternativgenealogien übersieht, die eine egalitärere, der Gegenwart angemessenere Interpretation bieten. Das zeigte Shklar anhand Arendts Essay *Was ist Autorität?*, der darauf bestehe, dass »wirksame Autorität eine hierarchische Sozialordnung« voraussetze – die Dreifaltigkeit aus Religion, Tradition und Autorität, die Arendt in der römischen Republik erkannte.[61] Die Gefahr einer solchen Orientierung an Rom, so Shklar, bestehe darin, einen »Traditionalismus zu ignorieren, der in keiner Weise autoritär ist«, und »die Möglichkeit einer nichthierarchischen Form der Autorität« zu übersehen, die »einem Bewunderer der Herrschaft der Autorität [...] nicht gleichgültig sein« könne. Arendts römischer Neigung hält Shklar die athenische »Idee einer Bürgerschaft, die abwechselnd regiert und regiert wird«, entgegen, die so im Wechsel der Mehrheiten dennoch die Autorität der Gründerfigur ehren könnte, in diesem Fall die Solons.[62]

Doch auch Athen besaß für Shklar nur begrenzt normative Gültigkeit. Wo Arendt statt Rom die Griechen lobt (und das tat sie oft), war Shklar ebenfalls mit Kritik zur Hand. Wiederholt warf sie Arendt, besonders in *American Citizenship*, die blinden Flecken ihrer Hellasverehrung vor. Neben der völligen Ignoranz gegenüber der Sklavenhaltergesellschaft, die der athenischen Oberschicht überhaupt erst die Muße zur Politik ermöglichte, seien die Herosakteure auf der Agora ein politisches Extrem, das »gute Staatsbürgerschaft« mit politischer Aktivität überhaupt gleichsetze. Diese Akteure hätten »keine ernsthaften Interessen außer ihrem öffentlichen Engagement«, seien eben nicht *Men and Citizens*, wie Shklar ihr Buch über den Republikaner Rousseau betitelt hatte (1969), sondern Menschen nur insofern sie Bürger waren. [63]

Zwar betonte auch Shklar die von Arendt in *Vita activa* hochgehaltene Unterscheidung zwischen den Sphären des Öffentlichen und des Privaten als wesentliches Kriterium des Politischen.[64] Doch wo Arendt Politik auf das Engagement in der Öffentlichkeit reduzierte und von allen Eingriffen privater oder gesellschaftlicher Belange frei halten wollte, erkannte Shklar diese Entpolitisierung des Privaten selbst als Quelle politischen Unrechts. Weder war es so möglich, die (vermeintlich politischen) Bedingungen zur Ausübung von Freiheit überhaupt erst zu schaffen – wohlfahrtstaatliche Maßnahmen befürwortete Shklar sehr wohl, anders als Arendt, die die »soziale Frage« in *Über die Revolution* als politische Verirrung betrachtete –, noch waren so all jene Formen von Unrecht zu erfassen, die sich gerade im nichtöffentlichen Bereich abspielen. Auf Arendts Unverständnis für die schwarze Bürgerrechtsbewegung, das aus ihrem Text über Little Rock sprach, reagierte Shklar geradezu mit Abscheu. Man mag schließen: Der nuancierte Sinn für das Politische des Privaten, der sich auch in ihrer späten Beschäftigung mit der Macht des persönlichen Gewissens ausdrückt,[65] sorgt dafür, dass Shklar heute für feministische und identitätspolitische Belange sehr viel aufschlussreicher zu lesen ist als Arendt.

Doch selbst die Beschränkung auf die öffentliche Sphäre, der auf einem starken Tugendbegriff gebaute Republikanismus Arendts, erschien Shklar als ein zu anspruchsvolles Modell von Bürgerschaft. Man könne normalen Menschen keine ständigen staatsbürgerlichen Höchstleistungen abverlangen.[66] »Wenn man ein Held sein muss, ein Heiliger oder wenigstens übermenschlich mutig und selbstbewusst, um eine gewisse Lebensweise zu verfolgen oder Meinungen zu äußern [...], kann keine Rede davon sein, in einer freien Gesellschaft zu leben.«[67] Mehr noch: Die in Arendts Politikideal implizierte Forderung nach einer stets deliberativen, radikaldemokratischen Politik sei selbst problematisch, übersehe neben den Fragen ihrer Praktikabilität ihre Gefahren: Diese »Staatsbürgerschaft für eine Herrenkaste« sei in ihrer Pflicht zum Zusammenhalt zwischen »wohlerzogenen Gentlemen« so homogen, exkludierend, staatspädagogisch und antiegalitär, dass sie für moderne pluralistische und liberale Demokratien letztlich ebenso ungeeignet sei wie die Orientierung am Autoritätsglauben Roms.[68] Für Axel Honneth »zeichnet sich in der Summe der rein interpretatorischen Einwände von Shklar untergründig durchaus eine politisch-moralische Alternative ab, die auf die Verteidigung eines demokratischen Egalitarismus gegen einen leicht aristokratisch gefärbten Republikanismus hinausläuft«.[69]

Das sind aber mehr als bloß philologische, sondern ganz substanzielle Korrekturen, die sich in einer Kritik bündeln, die gegen Arendts Gebrauch der Geschichte gerichtet ist. Die Konzentration auf eine ehrwürdige Vergangenheit rückte für Shklar die Möglichkeit in weite Ferne, dass »eine vitale Öffentlichkeit und eine zivile Demokratie auch auf dem Boden der modernen Arbeitsgesellschaft errichtbar sind«.[70]

Radikaler Traditionalismus

Diese normative Konsequenz für die politische Theorie im Hinblick auf die Gegenwart erwuchs für Shklar direkt aus dem Modus, in dem Arendt sich der Historie bediente. Diesen Gedanken führte Shklar in einem Essay aus, den sie ursprünglich 1976 auf der Gedenkfeier zu Arendts erstem Todestag vortrug.[71] Er gehört – neben dem pietät- und respektvollen Nachruf »Der Triumph Hannah Arendts«, den sie 1975 für *The New Republic* verfasste – zu einem der positiveren Texte über Arendt, auch wenn er hier freilich zunächst als Tugend präsentiert, was Shklar in ihrer Rezension als Mangel hingestellt hatte. Mit Rückgriff auf Nietzsche zählt Shklar Arendt unter die »Monumentalhistoriker«, da sie »in ihren besten Momenten« daran erinnere, »dass hervorragende Menschen große Taten vollbrachten und dass, was dereinst machbar war, erneut zumindest möglich ist«.[72]

So sehr Shklar dieses optimistische Moment guthieß, so sehr sah sie auch das Problem, die Monumentalgeschichte mit der kritischen Geschichtsschreibung in Einklang bringen zu wollen. Diese hat nach Nietzsche eine die monumentalische einhegende Aufgabe, die »Vergangenheit zu zerbrechen und aufzulösen«. Für Nietzsche ist diese Destruktion der Traditionslast notwendig, »um leben zu können«,[73] für Shklar schien sie eher eine Sache der Glaubwürdigkeit für die behauptete Modellhaftigkeit der Vergangenheit zu sein. Arendts Abwehr gegen die angebliche Wertfreiheit der professionellen Historiografie ist bekannt.[74] Ohne kritische Geschichtsschreibung aber hielt Shklar die Anrufung der Vergangenheit für schlichte Behauptung, die keine Gegenwartsrelevanz besitze. Da Arendt die Tradition und die ein Gemeinwesen legitimierende Autorität unwiederbringlich verloren sehe, sei nur noch die völlige Neugründung möglich. In der Tat ist dies das Programm in Arendts *Über die Revolution* – diesmal weniger von Athen als von Philadelphia inspiriert.

Shklar nannte es ein gleichzeitig radikales wie traditionalistisches Programm, auf eine neue Wirklichkeit am normativen Ideal der Vergangenheit zu hoffen.[75] Doch sie schien nicht ganz zu glauben, dass Arendt ihre Revolutionsbegeisterung auch wirklich in die Gegenwart transformiert sehen wollte; über die Ungarische Revolution etwa, die Arendt gewissermaßen mit »Enthusiasm« und einer »Teilnehmung dem Wunsche nach« (Kant) verfolgte, ging Shklar hinweg und interpretierte Arendts Revolutionstheorie als erneute Volte gegen die Gegenwart. Auch dieses Programm von Revolution sei monumentalisch, beziehe sich auf die Vergangenheit, sei es doch nur ein einziges Mal umgesetzt worden – in der Amerikanischen Revolution. Und erneut mahnte Shklar, die sich ab Mitte der Siebzigerjahre intensiv mit der politischen Geschichte der USA auseinandersetzte,[76] die Kontrolle der kritischen Geschichtsschreibung an, die Arendts »exzentrisch[er]« Interpretation der Fakten entgegenzuhalten wäre.[77] Gerade diese Fakten sah Shklar in der Interpretation des Revolutionsgeschehens ab 1776 bei Arendt aber geradezu amateurhaft verkürzt repräsentiert. *Über die Revolution* erzähle nur die halbe Geschichte, beziehe sich nur auf das Versprechen der Freiheit und lasse seine Umsetzung außer Acht. Für Shklar endete die Amerikanische Revolution nicht mit dem Unabhängigkeitskrieg oder der Staatsgründung, sondern wurde erst mit dem Bürgerkrieg zu Ende gefochten, in dem die Sklaverei als tiefste Schande und größter Widerspruch der proklamierten, verfassungsmäßigen Freiheit zumindest nominal überwunden wurde, wie sie in *American Citizenship* ausführen würde. Die Idealisierung der Amerikanischen Revolution erscheint als Unterschlagung der Ursünde dieser Revolution wieder der kritischen Geschichtsschreibung zu entbehren.

Aus diesem Grund betrachtete Shklar die Revolution als permanente Möglichkeit der Neugründung im Sinne Arendts nicht als für gegenwärtige Politik relevant. Wenn für Arendt »Verfassungen, Gesetze und Institutionen, die [Menschen] errichten, [...] genau so lange lebensfähig [sind], als sie die einmal erzeugte

Macht lebendigen Handelns in ihnen überdauert«,[78] ist dies für Shklar bereits ein zu hoher und geradezu utopischer Anspruch. Dies ist ihr weniger eine Handlungsanweisung für die Gegenwart als eine Idee, »um in dürftigen Zeiten zu überdauern«.[79] Arendts normatives Projekt in *Über die Revolution*, zumal ihr Gebrauch der Geschichte darin, ist für Shklar daher vor allem *therapeutisch*; politisch ist es nicht. In ihrem längsten und bissigsten Text zu Arendt nannte sie es ein »blamable[s] Buch«.[80] Und es ist dieser Text, der über das Intellektuelle hinausgeht und, wie als letztes Wort in Sachen Arendt, in ein Psychogramm mündet.

Pariatum als Selbstbetrug

Der Rezensionsessay, den Shklar 1983 über die erste große Biografie Arendts aus der Feder ihrer Schülerin Elisabeth Young-Bruehl schrieb, ist an Schärfe kaum zu überbieten, und die konstruktive Korrektur scheint hier stellenweise zur vernichtenden Fundamentalkritik zu werden. Shklar nutzte zunächst die Gelegenheit, ihre im Laufe eines Vierteljahrhunderts gesammelten Vorwürfe gegen Arendt noch einmal konzentriert aufzuzählen: Wieder ging es um die Instrumentalisierung der Geschichte, von Hellasverehrung bis zur missverstandenen Amerikanischen Revolution, um die Theorie der Masse und des Mob, um den Vorwurf der Romantik, schließlich auch wieder um die Nähe zu Marx, die Young-Bruehl auf die spartakistische Vergangenheit von Arendts Mann Heinrich Blücher zurückführte. Nun aber erlaubte Shklar der Rückblick eines detailtief erzählten Lebens die Geschlossenheit, auch eine psychologische Erklärung für diese Haltungen vorzubringen. Sie steht im Titel: Arendt habe stets Paria, nie Parvenü sein wollen.[81]

Die Unterscheidung von Paria und Parvenü entwickelte Arendt in ihrem als Habilitationsschrift vor ihrer Flucht aus Deutschland begonnenen und erst 1957 erschienenen Buch *Rahel Varnhagen. Lebensgeschichte einer deutschen Jüdin aus der Romantik*.[82] Gegen den stets scheiternden Versuch der jüdischen Assimilation in eine antisemitische Gesellschaft, den sie in Rahels Bemühen um Akzeptanz erkannte, stellte Arendt die bewusste Entscheidung für eine Außenseiterexistenz, das Pariatum als Lebensform. Shklar achtete hierbei zwar, aus der Perspektive jüdischer identitärer Selbstzuschreibung, die Grundmotivation, kein Opfer sein zu wollen. Doch wies die daraus resultierende Forderung nach persönlichem Heldentum und einer zeitgemäß im Existenzialismus aufgenommenen »postnietzscheanischen« Philosophie den Weg in eine Haltung, deren Stolz, Snobismus und Ungerechtigkeit Shklar in *Eichmann in Jerusalem* auf skandalöse Weise gespiegelt sah.

Nicht wenigen war dies das Buch, nach dem ein Umgang mit Arendt, intellektuell wie persönlich, nicht mehr möglich war. Neben dem sarkastischen Ton und der dünnen, sich vor allem bei Raul Hilbergs *Vernichtung der europäischen Juden* (1961) bedienenden Faktenlage war der Stein des Anstoßes Arendts Diskussion der Rolle, die die Judenräte bei der Organisation der Shoah gespielt hatten. »Ein von Ressentiment genährter, griesgrämiger Antizionismus«, urteilte Manès Sperber über die Motivation des Buches; es sei ein Beweis dafür, »wie sehr sie sich von ihrem Volke entfernt« habe.[83] Auch Arendts vormals enger Freund Gershom Scholem warf ihr vor, es an »Ahabath Israel«, Liebe zum jüdischen Volk, gebrechen zu lassen.[84] Shklar bot eine komplexere Erklärung an: Nicht mangelnde Liebe – auch antisemitisch sei das Buch trotz gegenteiliger Vorwürfe nicht –, sondern ein zu hoher moralischer Anspruch, der den Kampf zwischen Parvenü und Paria sogar in die Vernichtungslager transponierte, liege an der Wurzel von Arendts Analyse. Das war nahe dran an Hans Blumenbergs

Urteil, hier sei ein »moralischer Rigorismus« am Werk.[85] Arendts Bedürfnis, in den Juden keine Opfer sehen zu wollen, schlug für Shklar um in eine Verachtung dieser Opfer: »Warum, fragte sie, hatten die osteuropäischen Juden sich nicht wie homerische Helden verhalten? [...] Warum hatten sie uns keinen heldenhafteren Mythos hinterlassen?«[86]

Arendt, meinte Shklar, habe eine »repräsentative Frau« sein wollen. Wie Goethe für Emerson schlicht idealtypisch »The Writer« war,[87] schien sie sagen zu wollen, hatte sich Arendt vorgenommen, »The Jew« zu sein. Dabei habe sie doch nur eine kleine, nämlich deutschstämmige Minderheit der jüdischen Bevölkerung der USA repräsentiert. Vielleicht liegt hier die zentrale Anklage dieses Essays: die des identitären Selbstbetrugs. Denn erstens war gerade jene Bildung, für die Shklar Arendt durchaus bewunderte, ihr das Zeugnis einer Assimilation in die deutsche Gesellschaft, die das Selbstbild des Paria Lügen strafte. Und zweitens habe Arendt keine Verbindung zum gelebten Judentum der USA gehabt und ihr Jüdischsein als »Akt persönlichen Widerstands« verstanden, nicht als »Frage des aktiven Aufrechterhaltens einer kulturellen und religiösen Tradition mit ihren eigenen Riten und Sprachmustern«.[88] Daher hätte sie auch mit Verachtung auf die

Ostjuden blicken können, ohne sich weniger jüdisch zu fühlen. Hierin liegt die unausgesprochene Vermutung, Arendt sei so in ihrem Paria-Ethos aufgegangen, dass sie sogar Paria gegen das Judentum habe sein wollen. Das kulminiert in der fast grotesken Unterstellung, eigentlich sei sie eine Kryptokatholikin gewesen.

Doch auch mit den rechtstheoretischen Schwächen von *Eichmann in Jerusalem* ging Shklar hart ins Gericht. Über die wesentlichen Fragen der politischen Theorie habe Arendt im *Eichmann*-Buch »wenig Neues zu sagen, wo sie epigonal und amateurhaft diskutiert wurden. Rechtstheorie zählte nicht zu ihren Stärken.«[89] Shklars Buch *Legalism*, das schon 1964 erschien und daher nicht auf Arendts Prozessbericht eingehen konnte, hatte sich ebenfalls politischen Gerichtsverfahren gewidmet und anhand der Nürnberger und Tokioter Kriegsverbrecherprozesse gerade diese rechtstheoretische Erörterung geliefert.[90] Sie lief darauf hinaus, die isolierte Rechtshörigkeit der juristischen Klasse zu kritisieren und, statt Recht, Moral und Politik als strikt getrennte Sphären zu betrachten, zwischen ihnen ein Kontinuum anzunehmen. Einerseits formulierte Shklar damit eine Kritik an der Verteidigung vieler NS-Verbrecher, nur geltenden Gesetzen gehorcht zu haben, andererseits erlaubte ihr diese Interpretation, den politischen, zumal liberalen Nutzen solcher Verfahren selbst zum Kriterium ihrer Zweckmäßigkeit zu machen. Damit sparte sie sich die zwar dramatische, aber aus skeptischer Perspektive fragwürdige Anrufung einer »Ordnung der Menschheit«, die Arendt im fingierten Richtspruch über Eichmann am Ende ihres Buches formulierte.[91]

Gemeinsamkeit Kant

Aller Angriffe zum Trotz ist auch in diesem so drastischen Text noch Respekt zu spüren. Er ist eben *nicht* das letzte Wort zu Arendt. Neben vielen echten Innovationen für die politische Theorie schätzte Shklar an Arendts Werk etwa ihre Analyse des Exils und der Flucht, der sie theoretisch wichtige Anstöße verdankte. In *Verpflichtung, Loyalität, Exil*, Shklars Meditation über die Bindungen von Geflüchteten zu ihren Ankunftsländern und ihrem Herkunftsland, leitete sie aus Arendts Wort vom »Recht, Rechte zu haben« – also Mitglied eines Gemeinwesens zu sein – die Notwendigkeit ab, Geflüchteten die Staatsbürgerschaft anzubieten.[92]

Dass die geteilte Exilerfahrung selbst mehr als nur eine kategoriale Nähe geschaffen habe, bleibt aber fraglich. Zwar waren beide als deutschsprachige, im Baltikum geborene Jüdinnen vor den Nazis geflohen und hatten in den USA akademisch und publizistisch Karriere gemacht, doch waren die Lebensphasen, in denen das geschah, sehr unterschiedlich. Shklar gelang 1939 als Elfjährige zusammen mit ihrer Familie die Flucht aus Riga über die Sowjetunion und Japan nach Kanada,[93] während Arendt, als sie 1933 siebenundzwanzigjährig nach Paris ging, bereits eine Promotion und die von Shklar oft neidvoll gelobte »Bildung« in der Tasche hatte. Und doch hielt Shklar ihr zugute, keine nostalgische Exilantin gewesen zu sein, sondern ihre Situation intellektuell durchdrungen und philosophisch fruchtbar gemacht zu haben.

Auch wegen dieses generellen Respekts konnte sie im letzten ihrer Texte über Arendt, neun Jahre nach deren Tod, wieder versöhnlicher werden und sich neuerlich einem verbindenden Thema zuwenden: Immanuel Kant. In der Tat gibt es wohl keinen Autor, den Shklar und Arendt gleichermaßen bewunderten, freilich aus unterschiedlichen Gründen: Wo Arendt meinte, in seiner *Kritik der Urteilskraft* eine Theorie politischen Urteilens finden zu können,[94] bezweifelt Shklar dies und fand stattdessen in Kants Tugendlehre aus der *Meta-*

physik der Sitten das »vollendete Portrait eines mustergültigen Liberalen«.[95] Auch war Shklar der Meinung, Arendt habe Kants Geschichtsverständnis als zu deterministisch interpretiert und ihn hegelianischer gelesen, als es mit einem »Vernunftglauben« vereinbar ist, der zwar um den Lauf der Geschichte nicht wissen kann, aber hoffen muss, dass er doch zum Besseren führe. So operiert die kurze Rezension von Arendts posthum publizierten *Lectures on Kant's Political Philosophy* (die auf Deutsch als *Das Urteilen* erschienen) wieder im Modus der zwar in der Sache kritischen, aber im Ton kollegialen Lektüre.

Im Überblick der hier versammelten Texte wird deutlich, wie ambivalent Shklars Verhältnis zu Arendt war, wie es zwischen harscher Rüge, sanfter Korrektur und unmittelbarer Achtung oszillierte. Zweifellos ist, dass sie Shklar wichtig war – so wichtig, dass sie sich mit keinem ihrer Zeitgenossen öfter öffentlich befasste, sich an ihren Positionen rieb und auf diese Weise ihre eigenen schärfte. Und so war es nicht zuletzt gegen »ihre große[] Gegenspielerin«,[96] dass Shklar ihre Konzeption eines realistischen, antimetaphysischen Liberalismus entwickelte, der auf einen kritisch-historisch geschulten, defensiven Prozeduralismus setzt, der nicht den Herosakteur, sondern den seine Rechte einfordernden Staatsbürger als politisch Handelnden starkmacht und zuerst auf die Stimmen der Opfer hört.

Anmerkungen

Die Romantik der Niederlage

[Dieser Essay ist eine stark gekürzte Übersetzung des 4. Kapitels »The Romanticism of Defeat« aus Judith N. Shklars Erstling *After Utopia*. Princeton 1957, S. 108–163. Alle Übersetzungen von Zitaten aus fremdsprachigen Quellen stammen, wenn nicht anders angegeben, im Folgenden vom Herausgeber.]

1 Martin Heidegger, »Nietzsches Wort ›Gott ist tot‹«, in: ders., *Holzwege*, Frankfurt am Main 1952, S. 193–247.

2 Vor allem André Malraux hat diese erschütternde Frage gestellt und Gabriel Marcel, der nicht an den Tod Gottes glaubt, sieht im Tod des *Menschen* dieselbe Katastrophe. André Malraux, »Der Mensch und die künstlerische Kultur«, in: Alfred Andersch (Hg.), *Europäische Avantgarde*, Frankfurt am Main 1949, S. 97–103, hier S. 97; Gabriel Marcel, *Die Erniedrigung des Menschen*, Frankfurt am Main 1957, S. 23–24.

3 Dass dies der Schluss ist, den H. G. Wells zieht, dieser leidenschaftlichste Optimist seit Condorcet, sagt einiges aus über die Anziehungskraft des unglücklichen Bewusstseins für unsere Zeit. Für den armen Wells ist das Ende allen Sinns auf irgend-

eine Weise auch mit der physischen Vernichtung der Welt verbunden. H. G. Wells, *Der Geist am Ende seiner Möglichkeiten*, Zürich 1946.

4 Jean-Paul Sartre, *Das Sein und das Nichts. Versuch einer phänomenologischen Ontologie*, Reinbek 1991, S. 189–192; Herbert Marcuse, »Bemerkungen zu Jean-Paul Sartres *L'Être et le Néant*«, in: ders., *Schriften*, Bd. 8., Springe 2004, S. 9–20; Maurice Nathanson, »Jean-Paul Sartre's Philosophy of Freedom«, in: *Social Research* 19, Nr. 3 (1952), S. 364–380.

5 Martin Heidegger, *Über den Humanismus*, Frankfurt am Main 1949, S. 27–29; ders., »Die Zeit des Weltbildes«, in: *Holzwege* (Anm. 1), S. 69–104.

6 Z. B. Karl Jaspers, *Von der Wahrheit*, München 1958, S. 955–957; ders., *Vom Ursprung und Ziel der Geschichte*, München 1950, S. 130–132, 193; ders., »Über Bedingungen und Möglichkeiten eines neuen Humanismus«, in: ders., *Über Bedingungen und Möglichkeiten eines neuen Humanismus. Drei Vorträge*, Stuttgart 1962, S. 22.

7 Marcel, *Erniedrigung* (Anm. 2), S. 205 und 207.

8 Alex Comfort, *Authority and Delinquency in the Modern State*, London 1950, S. 80.

9 [Shklar zitiert aus den »Concluding Remarks« der Erstausgabe von *Origins of Totalitarianism*, die in der deutschen Übersetzung fehlen; sie finden sich in: Hannah Arendt, »Abschließende Bemerkungen«, in: dies., *Über den Totalitarismus. Texte Hannah Arendts aus den Jahren 1951 und 1953*, hg. v. Ursula Ludz, Dresden 1998, S. 14–31, hier S. 25. – Anm. d. Hg.]

10 Martin Heidegger, *Sein und Zeit*, Tübingen 1953, S. 295–301, 382.

11 Karl Jaspers, *Philosophie*, Bd. 2, Berlin 1932,

S. 220–229; ders., *Einführung in die Philosophie. Zwölf Radiovorträge*, München 1989, S. 42–43.

12 Karl Jaspers, *Der philosophische Glaube*, München 2012, S. 120.

13 Albert Camus, *Der Mythos von Sisyphos*, Reinbek 1959, S. 81–84, 76, 22.

14 Simone de Beauvoir, »Für eine Moral der Doppelsinnigkeit«, in: *Soll man de Sade verbrennen? Drei Essays zur Moral des Existentialismus*, Reinbek 1983, S. 99. Siehe auch: Jean-Paul Sartre, *Was ist Literatur?*, Reinbek 1981, S. 166–169.

15 Arendt, »Vorwort«, in: *Über den Totalitarismus* (Anm. 9), S. 14.

16 Albert Camus, *Actuelles I. 1944–1948*, Paris 1950, S. 213.

17 André Malraux, *Stimmen der Stille*, München 1956, S. 525–526.

18 Karl Jaspers, *Die Schuldfrage*, Heidelberg 1946, S. 32–33 und 63–67.

19 Karl Jaspers, *Von der Wahrheit* (Anm. 6), S. 718–719.

20 Hans Urs von Balthasar, *Apokalypse der Deutschen Seele*, Bd. 3, Salzburg/Leipzig 1939, S. 396–402.

21 Otto F. Bollnow, *Existenzphilosophie*, Stuttgart 1949, S. 111–112.

22 Z. B. Jaspers, *Philosophie*, Bd. 2 (Anm. 11), S. 393–403.

23 Heidegger, *Sein und Zeit* (Anm. 10), S. 382–397.

24 Roger Caillois, »Le monde vecu et l'histoire«, in: *L'Homme, le monde, l'histoire*, Grenoble 1948, S. 10–11.

25 Hannah Arendt, *Elemente und Ursprünge totaler Herrschaft*, München 2008, S. 78; Jean-Paul Sartre, *Überlegungen zur Judenfrage*, Reinbek 1994, S. 25–27; ders., »Der Existentialismus ist ein Humanismus«, in: *Der Existentialismus ist ein Humanismus*, Reinbek 1994, S. 145–192, hier S. 181–192;

ders., »Materialismus und Revolution«, in: ebd., S. 193–266, hier S. 210–214, 241–242, 253; de Beauvoir, »Doppelsinnigkeit« (Anm. 14), S. 138.

26 Camus, *Actuelles I* (Anm. 16), S. 184 und 200.

27 Albert Camus, *Der Mensch in der Revolte*, Reinbek 1969, S. 205 und 221–225.

28 Albert Camus, *Actuelles II. 1948–1953*, Paris 1953, S. 660–661.

29 Marcel, *Erniedrigung* (Anm. 2), S. 109.

30 Hannah Arendt, [Diskussionsbeitrag], in: Carl J. Friedrich (Hg.), *Totalitarianism*, Cambridge, Mass., 1954, S. 133–134.

31 Jaspers, *Ursprung und Ziel* (Anm. 6), S. 129–131, 157–161; ders., *Die geistige Situation der Zeit*, Berlin 1999, S. 72–77.

32 Gabriel Marcel, »Préface«, in: C. Virgil Gheorghiu, *La Vingt-Cinquieme Heure*, Paris 1950, S. ii–iii.

33 José Ortega y Gasset, *Betrachtungen über die Technik*, Stuttgart 1949, S. 103–105; Friedrich Georg Jünger, *Die Perfektion der Technik*, Frankfurt am Main 1980, S. 110, 130–135, 135–139.

34 Marcel, *Erniedrigung* (Anm. 2), S. 106.

35 [James Burnham, *Das Regime der Manager*, Stuttgart 1948. – Anm. d. Hg.] Z. B. Albert Camus, *Der Mensch in der Revolte* (Anm. 27), S. 175; Marcel, *Erniedrigung* (Anm. 2), S. 249.

36 Hannah Arendt, *Origins of Totalitarianism*, New York 1951, 330–331. [Dieser Passus fehlt in der deutschen Übersetzung. – Anm. d. Hg.]

37 Jaspers, *Geistige Situation* (Anm. 31), S. 119–124.

38 Alex Comfort, *Art and Social Responsibility*, London 1946, S. 60.

39 Marcel, *Erniedrigung* (Anm. 2), S. 155.

40 Malraux, *Stimmen der Stille* (Anm. 17), S. 498–515 und 584–585.

41 Jaspers, *Ursprung und Ziel* (Anm. 6), S. 143, 148–150.

42 Marcel, *Erniedrigung* (Anm. 2), S. 104.

43 Friedrich Georg Jünger, *Maschine und Eigentum*, Frankfurt am Main 1949, S. 190.

44 Für die unwillkommenen Folgen des Bevölkerungswachstums, siehe etwa Arendt, *Elemente und Ursprünge* (Anm. 25), S. 665; Aldous Huxley, *Themes and Variations*, London 1950, S. 235–272; *Geistige Situation* (Anm. 31), S. 38; Ortega y Gasset, *Der Aufstand der Massen*, Stuttgart 1957, S. 95–97.

45 Gustave Le Bon, *Psychologie der Massen*, Stuttgart 2008. Siehe auch die exzellente Darstellung von Le Bons Theorien durch H. E. Barnes in der *Encyclopaedia of the Social Sciences*.

46 Arthur Koestler, *Die Geheimschrift*, München 1955.

47 Emil Lederer, *Der Massenstaat. Gefahren der klassenlosen Gesellschaft*, Graz 1995. Für eine marxistische Widerlegung Lederers, siehe Franz Neumann, *Behemoth*, Köln 1977, S. 425–429. Das Ausmaß, zu dem Lederers Ansichten mit dem orthodoxen Konservatismus übereinstimmten, wurden betont von Goetz A. Briefs, »Intellectual Tragedy«, in: *The Commonweal* 33, 25. Oktober 1940, S. 25.

48 Arendt, *Elemente und Ursprünge* (Anm. 25), S. 529–626 und 627–701. Für eine Kritik an der Massen-/Klassen-Theorie, siehe Lenore O'Boyle, »The Class Concept in History«, in: *Journal of Modern History* 24, Nr. 4 (1952), S. 391–397.

49 Karl Jaspers, »Im Kampf mit dem Totalitarismus«, in: ders., *Philosophie und Welt*, München 1958, S. 76–96.

50 Marcel, *Erniedrigung* (Anm. 2), S. 17.

[Der hier gewählte Titel des seinerzeit ohne Titel veröffentlichten Textes stammt von den Herausgebern der deutschen Erstveröffentlichung in der *Deutschen Zeitschrift für Philosophie* 56, Nr. 6 (2008), S. 976–981.]

1 Hannah Arendt, *Between Past and Future. Six Exercises in Political Thought*, New York 1961. [Deutsch als: Hannah Arendt, *Zwischen Vergangenheit und Zukunft. Übungen im politischen Denken I*, hg. v. Ursula Ludz, München 1994; da die Publikations- und Übersetzungsgeschichte dieses Bandes äußerst verworren ist – siehe ebd., S. 434–435 – und diese deutsche Ausgabe nicht dem englischen Original entspricht, wird im Folgenden auf beide Bände verwiesen. – Anm. d. Hg.]

2 [Beispiele für diese Stellen finden sich etwa in Arendt, *Between Past and Future* (Anm. 1), S. 52, 78, 103, 29; bzw. in Arendt, *Zwischen Vergangenheit und Zukunft* (Anm. 1), S. 66, ähnlich 56, 168, 39. – Anm. d. Hg.]

3 [Hannah Arendt, »The Concept of History. Ancient and Modern«, in: dies., *Between Past and Future* (Anm. 1), S. 41–90; und dies., »What is Authority?«, in: ebd., S. 91–142; bzw. Hannah Arendt, »Natur und Geschichte«, in: Arendt, *Zwischen Vergangenheit und Zukunft* (Anm. 1), S. 54–79; und dies., »Geschichte und Politik in der Neuzeit«, in: ebd., S. 80–109 (dem englischsprachigen Aufsatz entsprechen diese beiden deutschen Texte); sowie dies., »Was ist Autorität?«, in: ebd., S. 159–200. – Anm. d. Hg.]

4 [Hannah Arendt, »Tradition and the Modern Age«, in: dies., *Between Past and Future* (Anm. 1), S. 17–40, hier S. 28; bzw. dies, »Tradition und die

Neuzeit«, in: dies., *Zwischen Vergangenheit und Zukunft* (Anm. 1), S. 23–53, hier S. 37. – Anm. d. Ü.]

5 [Carl Becker, *The Heavenly City of the Eighteenth-Century Philosophers*, New Haven 1932. – Anm. d. Hg.]

6 [Immanuel Kant, *Kritik der praktischen Vernunft*, AA V, S. 144. – Anm. d. Hg.]

7 [Immanuel Kant, *Grundlegung zur Metaphysik der Sitten*, AA IV, S. 456. – Anm. d. Ü.]

8 [Ebd., S. 395 – Anm. d. Hg.]

9 [Immanuel Kant, *Die Metaphysik der Sitten*, AA VI, S. 231. – Anm. d. Ü.]

10 [Kant, *Kritik der praktischen Vernunft*, AA V, S. 147. – Anm. d. Ü.]

11 [Arendt, »The Concept of History« (Anm. 3), S. 53. Dieser Passus findet sich nicht in der deutschen Fassung; siehe die Hinweise zur Publikationsgeschichte in *Zwischen Vergangenheit und Zukunft* (Anm. 1), S. 388. – Anm. d. Hg.]

12 [Arendt, »What is Authority?« (Anm. 3); Arendt, »Was ist Autorität?« (Anm. 3). – Anm. d. Ü.]

13 [Hannah Arendt, »What is Freedom?«, in: dies., *Between Past and Future* (Anm. 1), S. 143–172, hier S. 154; fehlt in der deutschen Übersetzung. – Anm. d. Ü.]

14 [Ebd. Shklar zitiert hier unrichtig: Arendt sprach nicht von »politics« (Politik), sondern von »the political« (dem Politischen). – Anm. d. Hg.]

Der Triumph Hannah Arendts

[Alle Anmerkungen zu diesem Essay stammen vom Herausgeber. Mit einem Asterisk gekennzeichnete Wörter sind im Original deutsch.]

1 Hannah Arendt, *Der Liebesbegriff bei Augustin. Versuch einer philosophischen Interpretation*, Berlin 1929; Neudr., hg. v. Frauke A. Kurbacher, Hamburg 2018.
2 Hannah Arendt, *Rahel Varnhagen. Lebensgeschichte einer deutschen Jüdin aus der Romantik*, München 1959.
3 Hannah Arendt, »Rosa Luxemburg«, in: dies., *Menschen in finsteren Zeiten*, hg. v. Ursula Ludz, München 1989, S. 49–74.
4 Hannah Arendt, »The Rights of Man: What are They?«, in: *Modern Review* 3, Nr. 1 (1949), S. 4–37; dieser Text ging ein in: Hannah Arendt, *Elemente und Ursprünge totaler Herrschaft*, München 2008, S. 601–625.
5 Hannah Arendt, *Vita activa oder Vom tätigen Leben*, München 2002.
6 Hannah Arendt, *Über die Revolution*, München 1986.
7 Hannah Arendt übersetzte *founding fathers* stets mit »Gründende Väter«, statt mit dem üblicheren »Gründerväter«.
8 Siehe Hannah Arendt »Die Lüge in der Politik«, in: dies., *In der Gegenwart. Übungen im politischen Denken II*, hg. v. Ursula Ludz, München 2000, S. 322–353.

Die Vergangenheit neu denken

[Alle Anmerkungen dieses Essays stammen vom Herausgeber.]

1 Friedrich Nietzsche, *Vom Nutzen und Nachteil der Historie für das Leben*, in: ders., *Sämtliche Werke. Kritische Studienausgabe*, hg. v. Giorgio

Colli und Mazzino Montinari, Bd. 1, Berlin 1988, S. 243–334.

2 Ebd., S. 261, 251.

3 Hannah Arendt, *Über die Revolution*, München 1986, S. 284. Der zweite Teil des Zitates fehlt in der deutschen Ausgabe und ist aus dem englischen Original übersetzt: Hannah Arendt, *On Revolution*, London 2006, S. 212.

4 Hannah Arendt, *Natur und Geschichte*, in: dies., *Zwischen Vergangenheit und Zukunft. Übungen im politischen Denken*, hg. v. Ursula Ludz, München 1994, S. 54–79, hier S. 79.

5 Leopold Ranke, »Vorrede«, in: ders., *Geschichten der romanischen und germanischen Völker von 1494 bis 1535*, Bd. 1, Leipzig/Berlin 1824, S. vi.

6 Hannah Arendt übersetzte *founding fathers* stets mit »Gründende Väter«, statt mit dem üblicheren »Gründungsväter«.

7 Augustinus, *Der Gottesstaat*, II 17.

8 Arendt, *Über die Revolution* (Anm. 3), S. 152.

9 Mit *judicial review* ist die Kontrolle der Exekutive und Legislative durch die Judikative gemeint, wie sie auch in Deutschland im Rahmen der Normenkontrolle, etwa der Verfassungsrechtsbehelfe zur Anwendung kommen kann; in *common law*-Staaten ist diese Praxis jedoch stärker ausgeprägt, da dort Gerichte eine höhere Prüfungskompetenz haben und historisch Gesetzesrecht weniger gilt.

10 Arendt, *Über die Revolution* (Anm. 3), S. 295. Der kantische *sensus communis* als Organ des Urteilens wird im Buch über Eichmann und vor allem in *Das Leben des Geistes* wieder zentral (siehe den Text »Arendts Kant«, in diesem Band, S. 114–121).

[Alle Anmerkungen zu diesem Essay stammen vom Herausgeber. Mit einem Asterisk gekennzeichnete Wörter sind im Original deutsch bzw. jiddisch.]

1 Shklar bezieht sich auf Ralph Waldo Emersons Essaysammlung *Representative Men* (1850) (deutsch: *Repräsentanten der Menschheit*, übers. v. Karl Federn, Zürich 1996).

2 Hannah Arendt, *Rahel Varnhagen. Lebensgeschichte einer deutschen Jüdin aus der Romantik*, München 1959.

3 Ebd., 87.

4 Elisabeth Young-Bruehl, *Hannah Arendt. Leben, Werk und Zeit*, übers. v. Hans Günther Holl, München 2004; im amerikanischen Original: *Hannah Arendt. For Love of the World*, New Haven 1982.

5 Hannah Arendt, *Elemente und Ursprünge totaler Herrschaft*, München 2008, S. 702.

6 Z. B. Hannah Arendt, *Was ist Existenz-Philosophie?*, Frankfurt am Main 1990.

7 Young-Bruehl, *Hannah Arendt* (Anm. 4), S. 83.

8 Ebd., S. 180.

9 Ebd., S. 202 und passim.

10 Hannah Arendt, »The Rights of Man: What are They?«, in: *Modern Review* 3, Nr. 1 (1949), S. 4–37; dieser Text ging ein in: Hannah Arendt, *Elemente und Ursprünge totaler Herrschaft*, München 2011, S. 601–625.

11 Erich Heller, »Hannah Arendt as a Critic of Literature«, in: *Social Research* 44, Nr. 1 (1977), S. 147–159, hier S. 152; zitiert bei Young-Bruehl, *Hannah Arendt* (Anm. 4), S. 540.

12 Hannah Arendt, »The Concept of History. Ancient and Modern«, in: dies., *Between Past and Future*,

New York 1961, S. 41–90, hier S. 53. Diese Passage findet sich nicht in der deutschen Fassung; siehe die Hinweise zur Publikationsgeschichte in Hannah Arendt, *Zwischen Vergangenheit und Zukunft. Übungen im politischen Denken I*, hg. v. Ursula Ludz, München 1994, S. 388.

13 Arendt, *Elemente und Ursprünge* (Anm. 5), S. 25.

14 Ebd., S. 920.

15 Shklar bezieht sich wohl, wie bereits in *Ganz normale Laster* (Berlin 2014, S. 245), auf die Rede vom Menschen als einem »häßlichen Stein«; Friedrich Nietzsche, *Ecce Homo*, in: *Sämtliche Werke. Kritische Studienausgabe*, hg. v. Giorgio Colli und Mazzino Montinari, Bd. 6, Berlin 1988, S. 348.

16 Arendt, *Elemente und Ursprünge* (Anm. 5), S. 735, 978 und passim.

17 Hannah Arendt, »The Eggs Speak up«, in: dies., *Essays in Understanding 1930–1945. Formation, Exile, and Totalitarianism*, hg. v. Jerome Kohn, New York 1994, S. 270–284; und dies., »The Ex-Communists«, ebd., S. 391–400; bei Young-Bruehl, *Hannah Arendt* (Anm. 4), S. 207.

18 Emil Lederer, *Der Massenstaat. Gefahren der klassenlosen Gesellschaft*, übers. v. Angela Kornberger, Graz 1995; siehe die Kritik an Arendt in »Die Romantik der Niederlage« in diesem Band, S. 7–29, hier S. 26 f.

19 Young-Bruehl, *Hannah Arendt* (Anm. 4), S. 305.

20 Hannah Arendt, *Der Liebesbegriff bei Augustin. Versuch einer philosophischen Interpretation*, Berlin 1929; Neudr., hg. v. Frauke A. Kurbacher, Hamburg 2018.

21 Hannah Arendt, *Vita activa oder Vom tätigen Leben*, München 2002, S. 90, 304–308 und passim.

22 Hannah Arendt, »Angelo Giuseppe Roncalli. Der

christliche Papst«, in: dies., *Menschen in finsteren Zeiten*, hg. v. Ursula Ludz, München 2012, S. 75–88.

23 Young-Bruehl, *Hannah Arendt* (Anm. 4), S. 424.

24 Friedrich von Gentz, »Der Ursprung und die Grundsätze der Amerikanischen Revolution, verglichen mit dem Ursprung und den Grundsätzen der Französischen«, in: *Historisches Journal* 2, Nr. 2 (1800), S. 3–140; John Quincy Adams besorgte eine einflussreiche englische Übersetzung dieser Schrift.

25 Hannah Arendt, »Friedrich von Gentz«, in: *Kölnische Zeitung*, Nr. 308, 8. Juni 1932; bisher nur auf Englisch wiederveröffentlich in: *Essays in Understanding* (Anm. 17), S. 50–56.

26 Arendt, *Rahel Varnhagen* (Anm. 2), S. 84–100.

27 Hannah Arendt, »Rosa Luxemburg«, in: dies., *Menschen in finsteren Zeiten* (Anm. 22), S. 49–74; dies., »Isak Dinesen (d. i. Tania Blixen)«, in: ebd., S. 113–130.

28 Rebecca West (1892–1983) war eine britische Schriftstellerin und radikale Journalistin, die unter anderem durch ihre Berichte von den Nürnberger Prozessen Bekanntheit erlangte; Sybille Bedford (1911–2006) war eine deutsch-britische Schriftstellerin und Journalistin, die auch als Gerichtsreporterin von Mordprozessen berichtete; ihrem Buch *The Faces of Justice* (1961) ist der Titel von Shklars *The Faces of Injustice* (1990, dt.: *Über Ungerechtigkeit*, 1992) entlehnt.

29 Für Shklars Lebensgeschichte siehe Hannes Bajohr, »Judith N. Shklar (1928–1992). Eine werkbiografische Skizze«, in: Judith N. Shklar, *Ganz normale Laster*, Berlin 2014, S. 277–319.

30 Hannah Arendt, »Little Rock«, in: dies., *In der Gegenwart. Übungen im politischen Denken II*, hg. v. Ursula Ludz, München 2000, S. 258–279.

[Alle Anmerkungen dieses Essays stammen vom Herausgeber.]

1 Immanuel Kant, *Kritik der Urteilskraft*, »Zweiter Teil: Kritik der teleologischen Urteilskraft«, AA V, S. 357–485, v. a. § 66, § 72, § 75.

2 Georg Wilhelm Friedrich Hegel, *Phänomenologie des Geistes*, Frankfurt am Main 1970, S. 196–226. Siehe auch Judith N. Shklar, *Freedom and Independence. A Study of the Political Ideas of Hegel's ›Phenomenology of Mind‹*, Cambridge 1976.

3 Charles Taylor, *Hegel*, Frankfurt am Main 1978, S. 320 und passim.

4 Hannah Arendt, *Das Urteilen. Texte zu Kants politischer Philosophie*, hg. v. Ronald Beiner, München 1985; der Titel der deutschen Ausgabe legt nahe, es handele sich, nach *Das Denken* und *Das Wollen*, um den dritten Teil des unvollendet gebliebenen *Vom Leben des Geistes* (München 1979), was beim amerikanischen Originaltitel nicht der Fall ist: *Lectures on Kant's Political Philosophy*, Chicago 1982.

5 Hans Saner, *Kants Weg vom Krieg zum Frieden*, München 1967.

6 Ronald Beiner, »Hannah Arendt über das Urteilen«, in: Arendt, *Das Urteilen* (Anm. 4), S. 115–197.

7 Sören Kierkegaard, *Kleine Schriften*, Düsseldorf 1960, S. 133.

8 Immanuel Kant, *Der Streit der Fakultäten*, AA VII sowie *Zum ewigen Frieden*, AA VIII.

Arendt-Korrekturen.
Judith Shklars Kritik an Hannah Arendt

Dieser Essay ist eine überarbeitete, um den ersten Teil gekürzte und einen letzten Teil erweiterte Fassung von: Hannes Bajohr, »Arendt-Korrekturen. Judith Shklars kritische Perspektive auf Hannah Arendt«, in: *hannaharendt.net* 8, Nr. 1 (2016), S. 149–165, online unter {http://www.hannaharendt.net/index.php/han/article/view/341/470}, Stand 22.10.2019. Ich danke Ingeborg Nordmann und Thomas Meyer für Anmerkungen und Hinweise zu diesem Text. Alle Übersetzungen von Zitaten sind, soweit nicht anders angegeben, im Folgenden von mir.

1 Hannah Arendt, *Elemente und Ursprünge totaler Herrschaft* [1951], München 2008; Judith N. Shklar, *After Utopia. The Decline of Political Faith*, Princeton 1957.

2 Hannah Arendt, *Eichmann in Jerusalem. Ein Bericht von der Banalität des Bösen* [1963], München 2006; Judith N. Shklar, *Legalism. Law, Morals, and Political Trials* [1964], Cambridge 1986. Siehe hierzu Samuel Moyn, »Judith Shklar über die Philosophie des Völkerstrafrechts«, in: *Deutsche Zeitschrift für Philosophie* 62, Nr. 4 (2014), S. 683–707; Kamila Stullerova, »Rethinking Human Rights,« in: *International Politics* 50, Nr. 5 (2013), S. 686–705; Tiphaine Dickson, »Shklar's Legalism and the Liberal Paradox«, in: *Constellations* 22, Nr. 2 (2015), S. 188–198; Seyla Benhabib/Paul Linden-Retek, »Judith Shklars Kritik des Legalismus«, in: *Zeitschrift für Politische Theorie* 9, Nr. 2 (2019), S. 179–192.

3 Hannah Arendt, *Über die Revolution* [1963], München 1986; Judith N. Shklar, *American Citizenship*,

Cambridge 1991. Diese Korrektur hat Andreas Hess am besten untersucht: Andreas Hess, *The Political Theory of Judith N. Shklar. Exile from Exile*, Basingstoke 2014, S. 135–145; und ders., »›The Social‹ and ›The Political‹. A Comparison of the Writings of Judith N. Shklar and Hannah Arendt on America«, in: *Atlantic Studies* 2, Nr. 2 (2005), S. 219–233; Samantha Ashenden und Andreas Hess, »Totalitarianism and Justice: Hannah Arendt and Judith N. Shklar's Political Reflections in Historical and Theoretical Perspective«, in: *Economy and Society* 45, Nr. 3–4 (2016), S. 505–529.

4 Persönliche Begegnungen fanden statt, doch wie Shklar selbst einmal an den Amerikanisten Friedrich Georg Friedmann schrieb, waren es nicht viele: »Ich kannte Hannah Arendt keineswegs besonders gut. Ich kann sie, meine ich, nicht mehr als ein halbes Dutzend Male getroffen haben, immer auf Seminaren oder Konferenzen.« Brief an Friedrich Georg Friedmann, 28. September 1981, Papers of Judith N. Shklar, Series: Correspondence, 1959–1992, HUGFP 118, Box 2, Harvard University Archives. Das mag sich nur auf persönliche Begegnungen bezogen haben, denn sie vertraute einem anderen Briefpartner an: »Sie gehen recht in der Annahme, dass ich die Arbeit von Frau Arendt sehr bewundere und versuche, bei jeder Gelegenheit anwesend zu sein, bei der sie wahrscheinlich sprechen wird.« Brief an Melvyn A. Hill, 28. Juni 1972, ebd. Eine kurze Korrespondenz zwischen Shklar und Arendt findet sich auch in den Hannah Arendt Papers, in der es in erster Linie um Organisatorisches geht. Shklar übersandte auch ein Exemplar ihres Buches *Legalism*, worauf Arendt aber nicht geantwortet zu haben scheint, Brief an Han-

nah Arendt, 25. Mai 1964, Hannah Arendt Papers, Series: Correspondence, 1938–1976, Folder: Harvard University, Cambridge, Mass. 1963–1970, Library of Congress, Washington, D.C.

5 Hannah Arendt, »Fernsehgespräch mit Günter Gaus«, in: dies., *Ich will verstehen. Selbstauskünfte zu Leben und Werk. Mit einer vollständigen Bibliographie*, hg. v. Ursula Ludz, München 2007, S. 46–72, hier S. 46.

6 Carl J. Friedrich/Zbigniew Brzeziński, *Totalitäre Diktatur* [1956], Stuttgart 1957.

7 Judith N. Shklar, »A Life of Learning«, in: Bernard Yack (Hg.), *Liberalism Without Illusions. Essays on Liberal Theory and the Political Vision of Judith N. Shklar*, Chicago 1996, S. 263–280, hier S. 267.

8 Judith N. Shklar, Rezension von *The Future of Mankind* von Karl Jaspers, in: *Political Science Quarterly* 76, Nr. 3 (1961), S. 437–439. Karl Jaspers, *Die Atombombe und die Zukunft des Menschen*, München 1958.

9 Arendt, *Elemente und Ursprünge* (Anm. 1), S. 944. Shklar sah stattdessen lediglich eine Pluralisierung von intellektuellen Ansätzen, der sich zu stellen sie empfahl, statt in nostalgischer Verirrung sich nach dem untergegangenen Athen zurückzusehnen: Judith N. Shklar, »Facing up to Intellectual Pluralism«, in: David Spitz (Hg.), *Political Theory & Social Change*, New York 1967, S. 275–295, hier S. 276.

10 Siehe Ashenden/Hess, »Totalitarianism and Justice« (Anm. 3), S. 509.

11 Shklars antimetaphysischen Affekt, der sich in *After Utopia* vor allem gegen Heidegger äußert, hat Seyla Benhabib in einer Anekdote so kondensiert: »Shklar war kein Snob. Während eines denkwür-

digen Mittagessens im Harvard Faculty Club mit dem bekannten Kritiker und Denker George Steiner, bei dem ich zugegen war und das sich um die Arendt-Heidegger-Affäre drehte, sagte Shklar in Bezug auf die Heidegger'schen Abstraktionen schlicht: ›Aber mein lieber George, irgendjemand muss schließlich die Küchenfliesen wischen, ohne sich um das ›Dasein‹ Gedanken zu machen!‹« Seyla Benhabib, »Judith Nisse Shklar«, in: *Proceedings of the American Philosophical Society* 148, Nr. 4 (2004), S. 529–534, hier S. 533.

12 Später schrieb sie, er sei von ihrem Verlag gewählt worden, siehe Shklar, »A Life of Learning« (Anm. 7), S. 274.

13 Judith N. Shklar, »The Political Theory of Utopia. From Melancholy to Nostalgia«, in: dies., *Political Thought and Political Thinkers*, hg. v. Stanley Hoffmann, Chicago 1998, S. 161–174, hier S. 172.

14 Judith N. Shklar, *Fate and Futility. Two Themes in Contemporary Political Theory*, Dissertation, Radcliffe College 1955. Siehe dazu den aufschlussreichen Essay von Samuel Moyn, »Before – and Beyond – the Liberalism of Fear«, in: Samantha Ashenden/Andreas Hess (Hg.), *Between Utopia and Realism. The Political Thought of Judith N. Shklar*, Philadelphia 2019, S. 24–46.

15 Shklar, *After Utopia* (Anm. 1), S. 18. Siehe das in diesem Band gekürzt wiedergegebene Kapitel »Die Romantik der Niederlage«, S. 7–29.

16 Ebd., S. 65. Siehe auch Judith N. Shklar, *Freedom and Independence. A Study of the Political Ideas of Hegel's ›Phenomenology of Mind‹*, Cambridge 1976.

17 Shklar, *After Utopia* (Anm. 1), S. 149, 119, 116.

18 Ebd., S. 108.

19 George Kateb, »Foreword«, in: Shklar, *Political Thought* (Anm. 13), S. vii–xix, hier S. xiv.
20 Shklar, *After Utopia* (Anm. 1), S. 18.
21 Ebd., S. 136.
22 Von diesem Vorwurf nimmt Shklar Heidegger interessanterweise aus: »Der ganze romantische Geist von Heideggers Philosophie ist apolitisch und damit weit entfernt vom Leben eines totalitären Staates oder einer solchen Partei.« Ebd., S. 148.
23 Hannah Arendt, *Was ist Existenz-Philosophie?*, Frankfurt am Main 1990, S. 37.
24 Ebd., S. 28. Freilich blieb Arendt nicht bei dieser Einschätzung und untersagte später die Übersetzung dieses Textes ins Deutsche (mit Dank an Thomas Meyer für diesen Hinweis).
25 Shklar, *After Utopia* (Anm. 1), S. 123.
26 Ebd., S. 133.
27 Judith N. Shklar, »Der Liberalismus der Furcht« [1989], in: dies., *Der Liberalismus der Furcht*, hg. v. Hannes Bajohr, Berlin 2013, S. 26–66.
28 Shklar, *After Utopia* (Anm. 1), S. 221.
29 Judith N. Shklar, »Rechte in der liberalen Tradition« [1992], in: dies., *Der Liberalismus der Rechte*, hg. v. Hannes Bajohr, Berlin 2017, S. 20–64, hier S. 28.
30 Shklar, *After Utopia* (Anm. 1), S. 231.
31 Ebd., S. 231f.
32 Martin Heidegger, *Sein und Zeit*, Tübingen 2001, S. 126.
33 Shklar, »Romantik« (Anm. 15), hier S. 22. Shklar zitiert hier die später veränderte Erstausgabe von Hannah Arendt, *Origins of Totalitarianism*, New York 1951, S. 330–331. Dieser Passus fehlt in der deutschen Übersetzung.

34 Judith N. Shklar, *Ganz normale Laster* [1984], Berlin 2014, Kap. 3.
35 Shklar, »Romantik« (Anm. 15), S. 27.
36 Ebd., S. 27 f.
37 Vgl. Shklar, *After Utopia* (Anm. 1), S. viii.
38 Shklar, »Romantik« (Anm. 15), S. 10.
39 Ebd., S. 10 f. Shklar zitiert aus den »Concluding Remarks« der Erstausgabe, die in der deutschen Übersetzung fehlen; sie finden sich in: Hannah Arendt, »Abschließende Bemerkungen«, in: dies., *Über den Totalitarismus. Texte Hannah Arendts aus den Jahren 1951 und 1953*, hg. v. Ursula Ludz, Dresden 1998, S. 14–31, hier S. 25.
40 Vgl. Shklar, *After Utopia* (Anm. 1), S. 112.
41 Judith N. Shklar, *Über Ungerechtigkeit. Erkundungen zu einem moralischen Gefühl* [1990], Berlin 1992; dies., *Ganz normale Laster* (Anm. 34), S. 23–32.
42 Shklar, »Romantik« (Anm. 15), S. 17. Diese Argumentationsfigur ist immer noch verbreitet, siehe Slavoj Žižek, *Gewalt. Sechs abseitige Reflexionen*, Hamburg 2011. Siehe dazu Hannes Bajohr, »Judith N. Shklar über die Quellen liberaler Normativität«, in: Karsten Fischer/Sebastian Huhnholz (Hg.), *Liberalismus. Traditionsbestände und Gegenwartskontroversen*, Baden-Baden 2019, S. 71–97.
43 Shklar, »Romantik« (Anm. 15), S. 17 f.
44 Axel Honneth, »Die Historizität von Furcht und Verletzung. Sozialdemokratische Züge im Denken von Judith Shklar«, in: ders., *Vivisektionen eines Zeitalters. Porträts zur Ideengeschichte des 20. Jahrhunderts*, Berlin 2014, S. 248–262, hier S. 252.
45 Hannah Arendt, »Tradition und die Neuzeit«, in: dies., *Zwischen Vergangenheit und Zukunft. Übungen im politischen Denken*, München 1994, S. 23–53, hier S. 35.

46 Hannah Arendt, *Vom Leben des Geistes*, Band 1: *Das Denken*, München 1979, S. 207. Freilich folgt die »Überwindung der Metaphysik«, die Arendt sich hier auf die Fahnen schreibt, Heidegger, der für Shklar der größte Metaphysiker ist, ebd. S. 19 (siehe auch Anm. 11).

47 Katrina Forrester, »Hope and Memory in the Thought of Judith Shklar«, in: *Modern Intellectual History* 8, Nr. 3 (2011), S. 591–620, hier S. 617.

48 »Die Schwierigkeiten beginnen dann, wenn man zu dem Schluss kommt, dass kein ›geringeres‹ Übel der Bekämpfung wert ist. Manche Gegner des Totalitarismus sind sogar schon dazu übergegangen, bestimmte ›geringere Übel‹ zu loben, weil die noch nicht lang zurückliegende Zeit, als diese Übel eine Welt beherrschten, die von dem schlimmsten aller Übel noch nichts wusste, sich im Gegensatz dazu wie die gute alte Zeit ausnimmt.« Hannah Arendt, »The Eggs Speak Up«, in: dies., *Essays in Understanding 1930–1954. Formation, Exile, and Totalitarianism*, hg. v. Jerome Kohn, New York 1994, S. 270–284, hier S. 271.

49 Seyla Benhabib, »Judith Shklars dystopischer Liberalismus«, in: Shklar, *Liberalismus der Furcht* (Anm. 27), S. 67–87, hier S. 85.

50 Shklar, *After Utopia* (Anm. 1), S. ix–x.

51 Shklar ist *politische*, nicht *epistemische* Skeptikerin – sie bezweifelt nicht die Möglichkeit von Erkenntnis überhaupt, sondern die Resilienz politischer Institutionen, siehe Bajohr, »Quellen« (Anm. 42).

52 Shklar, *After Utopia* (Anm. 1), S. 11.

53 Judith N. Shklar, »Antike und Moderne«, in diesem Band, S. 30–48, hier S. 31.

54 Neuerdings hat Jan-Werner Müller diesen Liberalismus aktualisiert und dessen Sensorium für die Stimmen der Opfer identitätspolitischen Fragen geöffnet: Jan-Werner Müller, *Furcht und Freiheit. Für einen anderen Liberalismus*, Berlin 2019.

55 Siehe Andrew Sabl, »History and Reality. Idealist Pathologies and ›Harvard School‹ Remedies«, in: Jonathan Floyd/Marc Stears (Hg.), *Political Philosophy versus History. Contextualism in Real Politics and Contemporary Political Thought*, Cambridge 2011, S. 151–176.

56 Hannah Arendt, Brief an Karl Jaspers vom 6. August 1955, in: Hannah Arendt und Karl Jaspers, *Briefwechsel 1926–1969*, München 1985, S. 301.

57 Shklar, »Antike und Moderne« (Anm. 53), S. 37.

58 Hannah Arendt, *Between Past and Future. Six Exercises in Political Thought*, New York 1961; dies., *Fragwürdige Traditionsbestände im politischen Denken der Gegenwart*, Frankfurt am Main 1957.

59 Shklar, »Antike und Moderne« (Anm. 53), S. 30 f.

60 Ebd., S. 47 f.

61 Ebd,. S. 41. Hannah Arendt, »Was ist Autorität?«, in: dies., *Zwischen Vergangenheit und Zukunft* (Anm. 45), S. 159–200, hier S. 160.

62 Shklar, »Antike und Moderne« (Anm. 53), S. 45, 43.

63 Judith N. Shklar, *Men and Citizens. A Study of Rousseau's Social Theory* [1969], Cambridge 1985.

64 Hannah Arendt, *Vita activa oder Vom tätigen Leben* [1958], München 2002, Kap. 1; Shklar, »Liberalismus der Furcht« (Anm. 27), S. 33–34. Wo Arendt aber eine *ontologische* Differenz erkennt, sieht Shklar vor allem eine *normative*: Der Staat soll im Liberalismus der Furcht davon abgehalten werden, ins Private einzudringen – damit ist der Bereich des Privaten aber noch lange nicht unpolitisch.

65 Siehe Judith N. Shklar, »Gewissen und Freiheit«, in: *Zeitschrift für Politische Theorie* 10, Nr. 2 (2019), S. 167–177.

66 Shklar, *American Citizenship* (Anm. 3), S. 11

67 Shklar, *Legalism* (Anm. 2), S. 6.

68 Ebd., S. 29–30; siehe hierzu auch exemplarisch Shklar, »Das Werk Michael Walzers«, in: dies., *Verpflichtung, Loyalität, Exil*, hg. v. Hannes Bajohr, Berlin 2019, S. 55–77.

69 Axel Honneth, »Flucht in die Peripherie«, in: *Deutsche Zeitschrift für Philosophie* 56, Nr. 6 (2008), S. 982–986, hier S. 985. Dass allerdings die Differenz zwischen Shklar und Arendt nicht auf die zwischen Liberalismus und Republikanismus reduziert werden kann, ist wieder in der jüngsten Forschung deutlich geworden, siehe Samantha Ashenden/Andreas Hess, »Republican Elements in the Liberalism of Fear«, in: *Zeitschrift für Politische Theorie* 9, Nr. 2 (2019), S. 209–221.

70 Honneth, »Flucht« (Anm. 69), S. 985.

71 Arendts enger Freund Hans Jonas hatte sie um einen Beitrag gebeten, und außer ihnen waren nur Sheldon Wolin und Hans Morgenthau unter den Vortragenden der Gedenkfeier, die an der New School of Social Research stattfand. Die Reden erschienen in *Social Research* 44, Nr. 1 (1977).

72 Judith N. Shklar, »Die Vergangenheit neu denken«, in diesem Band S. 58–78, hier S. 58.

73 Friedrich Nietzsche, *Vom Nutzen und Nachteil der Historie für das Leben*, in: ders., *Sämtliche Werke. Kritische Studienausgabe*, hg. v. Giorgio Colli und Mazzino Montinari, Bd. 1, Berlin 1988, S. 269.

74 Siehe ihre Replik auf Eric Voeglins Kritik an *Elemente und Ursprünge*, wo sie ihre Skepsis am *sine ira et studio* begründet, weil solche Historiografie

immer in Richtung Erhaltung tendiere, wobei Historiker im Falle des Totalitarismus »die Geschichte eines Gegenstandes schreiben mußten, den sie nicht konservieren wollten; sie mußten in zerstörerischer Weise schreiben, und das Geschichte-Schreiben für Zwecke der Destruktion ist in gewissem Sinne ein Widerspruch in sich«. Hannah Arendt, *Eine Antwort*, in: dies., *Über den Totalitarismus* (Anm. 39), S. 42–51, hier S. 43. Umgekehrt hat Arendts Tendenz zur Überhöhung des Gegebenen bei Historikern vom Fach zu mitunter gereizten Reaktionen geführt, für die metonymisch Eric Hobsbawms Ausruf stehen mag, es gebe »praktisch keinen Punkt, an dem Hannah Arendts Darstellung [...] die wirklichen historischen Phänomene berührt, die sie zu beschreiben vorgibt«. Eric J. Hobsbawm, »Hannah Arendt über die Revolution«, in: Adelbert Reif (Hg.), *Hannah Arendt. Materialien zu ihrem Werk*, Wien 1979, S. 263–271, hier S. 270.

75 Shklar, »Vergangenheit« (Anm. 72), S. 67.

76 Siehe Hannes Bajohr »Judith N. Shklar (1928–1992). Eine werkbiografische Skizze«, in: Shklar, *Laster*, (Anm. 34), S. 311–317; Shklars Essays zur amerikanischen politischen Theorie sind gesammelt in: Judith N. Shklar, *Redeeming American Political Theory*, hg. v. Stanley Hoffmann und Dennis F. Thompson, Chicago 1998; auf Deutsch liegen einige verwandte Texte vor in: Judith N. Shklar, *Der Liberalismus der Rechte*, hg. v. Hannes Bajohr, Berlin 2017.

77 Shklar, »Vergangenheit« (Anm. 72), S. 70.

78 Arendt, *Über die Revolution* (Anm. 3), S. 227.

79 Shklar, »Vergangenheit« (Anm. 72), S. 75.

80 Judith N. Shklar, »Hannah Arendt als Paria«, in diesem Band, S. 79–113, hier S. 103.

81 Dass Shklar oft dezidiert psychologisch argumentierte, war durchaus reflektierter Teil ihrer Methode, siehe Katrina Forrester, »Experience, Ideology, and the Politics of Psychology«, in: Ashenden/Hess, *Utopia and Realism* (Anm. 14), S. 136–157.

82 Hannah Arendt, *Rahel Varnhagen. Lebensgeschichte einer deutschen Jüdin aus der Romantik* [1957], München 1959.

83 Manès Sperber, »Churban oder Die unfaßbare Gewißheit«, in: *Die Kontroverse. Hannah Arendt, Eichmann und die Juden*, München 1964, S. 9–32, hier S. 21, 30.

84 Hannah Arendt und Gershom Scholem, *Der Briefwechsel 1939–1964*, hg. v. Marie Luise Knott, Berlin 2010, S. 429.

85 Hans Blumenberg, *Der Rigorismus der Wahrheit. »Moses der Ägypter« und weitere Texte zu Freud und Arendt*, hg. v. Ahlrich Meyer, Berlin 2015, S. 19. Im Unterschied zu Blumenberg, der den Rigorismus zwar auch als persönliche Haltung, aber als eine der Wahrheitsliebe beschreibt, glaubt Shklar dies gerade nicht: »Um Wahrheit ging es ihr nicht.« Shklar, »Paria« (Anm. 80), S. 107.

86 Ebd., S. 105 f.

87 Ralph Waldo Emerson, »Representative Men. Seven Lectures«, in: ders., *Essays and Lectures*, New York 1983, S. 611–762.

88 Shklar, »Paria« (Anm. 80), S. 83.

89 Ebd., S. 105.

90 Für den Rechtshistoriker Samuel Moyn verdient *Legalism* daher »den besonderen Rang, die bedeutendste Auseinandersetzung mit der Politik des Völkerstrafrechts zu sein, die je geschrieben wurde.« Samuel Moyn, »Judith Shklar über die Philosophie des Völkerstrafrechts«, in: *Deutsche Zeit-*

schrift für Philosophie 62, Nr. 4 (2014), S. 683–707, hier S. 683.

91 Arendt, *Eichmann* (Anm. 3), S. 400.

92 Siehe Shklar, *Verpflichtung, Loyalität, Exil* (Anm. 68).

93 Zur Biografie, auch zum geteilten Thema des Exils, siehe Bajohr, »Judith N. Shklar« (Anm. 76).

94 Hannah Arendt, *Das Urteilen. Texte zu Kants politischer Philosophie*, hg. v. Roland Beiner, München 1985.

95 Shklar, »Liberalismus der Furcht« (Anm. 27), S. 54. Siehe zu Shklars Kantianismus Bajohr, »Quellen« (Anm. 42), S. 88–94. Dass auch Shklar politischer Urteilskraft hohe Bedeutung zumaß, dabei aber weniger auf Kant als auf moralische Einfühlung setzte, argumentieren Gisli Vogler/Demetris Tillyris, »Arendt and Political Realism. Towards a Realist Account of Political Judgement«, in: *Critical Review of International Social and Political Philosophy* 22, Nr. 1 (2020), i. E.

96 Honneth, »Historizität« (Anm. 44), S. 248.

Textnachweise

»Die Romantik der Niederlage« ist ein stark gekürzter Auszug aus: Judith N. Shklar, *After Utopia. The Decline of Political Faith*, Princeton 1957, Kapitel 4 (»The Romanticism of Defeat«). Übersetzt von Hannes Bajohr.

»Antike und Moderne« erschien ohne Titel als Rezension von Hannah Arendt, *Between Past and Future* in: *History and Theory* 2, Nr. 3 (1963), S. 286–292. Die deutsche Übersetzung von Tim Reiß erschien in: *Deutsche Zeitschrift für Philosophie* 56, Nr. 6 (2008), S. 976–918, und ist hier leicht überarbeitet abgedruckt.

»Der Triumph Hannah Arendts« erschien als »Hannah Arendt's Triumph« in: *The New Republic* 173 (1975), S. 8–10. Übersetzt von Hannes Bajohr.

»Die Vergangenheit neu denken« erschien als »Rethinking the Past« in: *Social Research* 44, Nr. 1 (1977), S. 80–90, und in: Judith N. Shklar, *Political Thought and Political Thinkers*, hg. v. Stanley Hoffmann, Chicago/London 1998, S. 353–361. Übersetzt von Hannes Bajohr.

»Hannah Arendt als Paria« erschien als »Hannah Arendt as Pariah« in: *Partisan Review* 50, Nr. 1 (1983),

S. 64–77, und in: Judith N. Shklar, *Political Thought and Political Thinkers*, hg. v. Stanley Hoffmann, Chicago/London 1998, S. 362–375. Übersetzt von Hannes Bajohr.

»Arendts Kant« erschien ohne Titel als Rezension von Hannah Arendt, *Lectures on Kant's Political Philosophy* in: *Bulletin of the Hegel Society of Great Britain* 5, Nr. 1 (1984), S. 42–44. Übersetzt von Hannes Bajohr.

Erste Auflage Berlin 2020

Göhrener Str. 7 | 10437 Berlin
info@matthes-seitz-berlin.de

Satz: psb, Berlin
Druck und Bindung: Art Druk, Szczecin
Umschlaggestaltung nach einer Idee von Pierre Faucheux
ISBN 978-3-95757-797-9

www.matthes-seitz-berlin.de

Judith N. Shklar bei Matthes & Seitz Berlin, aus dem Amerikanischen übersetzt und herausgegeben von Hannes Bajohr

Judith N. Shklar
Ganz normale Laster
346 Seiten, gebunden mit Schutzumschlag
ISBN 978-3-88221-389-8

Judith N. Shklar
Der Liberalismus der Furcht
174 Seiten, Klappenbroschur
ISBN 978-3-88221-979-1

Judith N. Shklar
Der Liberalismus der Rechte
203 Seiten, Klappenbroschur
ISBN 978-3-95757-241-7

Judith N. Shklar
Verpflichtung, Loyalität, Exil
88 Seiten, Klappenbroschur
ISBN 978-3-95757-570-8

Hannah Arendt bei Matthes & Seitz Berlin

Hannah Arendt
Sokrates. Apologie der Pluralität
107 Seiten, Klappenbroschur
ISBN 978-3-95757-168-7

Hannah Arendt
Freundschaft in finsteren Zeiten
142 Seiten, Klappenbroschur
ISBN 978-3-95757-606-4

Maike Weißpflug
Hannah Arendt. Die Kunst, politisch zu denken
320 Seiten, gebunden mit Schutzumschlag
ISBN 978-3-95757-721-4

Marie Luise Knott
Verlernen. Denkwege bei Hannah Arendt
168 Seiten, gebunden mit Schutzumschlag
ISBN 978-3-95757-258-5